밀레니얼이
회사를 바꾸는
387가지 방법

밀레니얼이 회사를 바꾸는 38가지 방법

THINK YOUNG WORK YOUNG

대학내일은 어떻게 밀레니얼처럼 생각하고 일하는가

홍승우 지음

위즈덤하우스

밀레니얼처럼 일하기

대학내일 에디터로 들어와 일한 지 10년이 됐다. 20대를 만나며 콘텐츠를 만드는 게 업이다 보니 그간 만나는 사람들마다 내게 가장 많이 묻는 질문은 "요즘 애들은 뭘 좋아해요?"였다. 그들은 20대의 관심사를 알고 싶어 했다. 20대가 트렌드를 선도하다 보니, 대부분의 기업은 20대가 좋아할 만한 아이템을 만드는 데 몰두하고 있었다. 하지만 최근 1, 2년 사이에 질문들은 "요즘 밀레니얼 세대와 어떻게 일해야 하죠?", "대학내일은 젊은 기업이잖아요. 어떻게 그들과 일하는 거죠?"로 바뀌었다. 최신 트렌드보다 이들과 함께 일하는 것이 더 중요해졌다는 것이다. 덕분에 종종 의뢰받는 강연의 주제도 '온라인 콘텐츠 기획법'에서 '밀레니얼 세대와 일하는 법'으로 바뀌어 가고 있다.

그만큼 기업들이 지금 밀레니얼 세대를 이해하려 애쓰고 있다는 뜻이다. 꾸준히 높아지는 신입사원 퇴사율을 보면서 조직문화가 잘못되지는 않았는지 점검하고, 밀레니얼 세대가 좋아하는 제도와 장치를 만들어 내느라 여념이 없다. 그 과정에서 기성세대는 그들 나름대로 억울하다고 말한다. 밀레니얼 세대가 늘 옳은 것은 아닌데, 조직은 그들에게만 맞추라고 하니 섭섭하기도 하고 어렵기도 하다.

그래서 사람들이 '밀레니얼 세대와 일하는 법'을 묻는 것이다. 대학내일은 젊으니까. 대학내일은 밀레니얼 세대를 가장 잘 이해할 것 같으니까. 실제로 대학내일은 임직원 대다수가 밀레니얼 세대다. 또 그들과 함께 성과를 잘 만들어 가고 있다는 객관적인 지표도 있기에 막연한 신뢰를 받는 것이다.

하지만 나 역시 밀레니얼 세대다. 나이로만 따지면 아슬아슬하게 밀레니얼 세대에 발을 걸치고 있다. 밀레니얼 세대가 '밀레니얼 세대와 일 잘하는 법'을 이야기하는 게 아이러니하지만, 밀레니얼 세대 중에서는 나이가 많은 편이고, 조직 내에서 팀장으로 일하다 보니 때로는 밀레니얼 세대를 이해하기 어려운 순간에 직면한다. 그래서 나는 밀레니얼이지만, 밀레니얼처럼 일하지 못하는 모호한 경계선에서 그들을 관찰하는 중이다.

사실 내가 바라보는 밀레니얼 세대들은 유별나지 않다. 언론이나 다양한 매체에서 말하는 밀레니얼 세대의 주요 특징은 '공동체를 싫어한다', '공정함을 우선시한다', '미래보다 현재를 중요시한다', '복잡한 걸 싫어한다' 등인데, 이런 특징들은 특정 세대를 넘어 전 세대에 걸쳐 나타나는 당연한 욕구이기도 하다. 따라서 밀레니얼 세대를 단순하게 '어떠하다'로 정의하기는 어렵다. 그들도 그냥 직장인일 뿐이다. 업무로 인한 스트레스를 다른 언어나 방식으로 표현한다는 차이만 있을 뿐.

그러니 모든 사람이 궁금해하는 '밀레니얼 세대와 일하는 법'은 사실 허상에 가깝다. 특히 몇 가지 제도나 교육 프로그램을 만들어 밀레니얼 세대와 어울려 행복하게 일할 수 있다는 꿈에서 벗어나야 한다. 모든 회사, 모든 직원에게 통하는 만능 정답을 찾을 것이 아니라, 각각의 회사에 어울리는 방식을 저마다 찾아내야 한다.

이 책을 준비하며, 최근 밀레니얼 세대가 좋아하는 직장이나 조직문화를 다양하게 찾았다. 그들이 원하는 복지를 제공하는 회사도 있었고, 밀레니얼 세대가 지지할 만한 기업철학을 세운 곳도 있었다. 다양한 회사를 취재해 보고, 수많은 밀레니얼 세대와 만나며 깨달은 사실은 내가 일하고 있는 대학내일도 제법 밀레니얼 세대와 일할 줄 아는 회사라는 것이다.

내부에서 보는 대학내일은 신기한 회사다. 리더의 눈치를 보는 직원들보다 팀원의 눈치를 보는 리더가 많은 회사. 시장의 속도가 빠르게 변화함에도 단 한 번도 성장을 멈추지 않은 회사. 대표이사를 선거로 뽑는 회사. 3년을 일하면 한 달의 유급휴가를 주는 회사. 직원의 대다수가 회사 주식을 소유하고 있는 회사.

1999년 매거진 사업으로 시작한 대학내일은 올해 창립 20년이 됐다. 3명으로 시작한 대학내일은 20년간 꾸준히 성장한 결과 어느새 자회사 포함 300명이 넘는 조직이 됐고, 매출액은 지난해 500억을 돌파했다. 사업 내용이 특별한 것은 아니다. 미디어 사업으로 시작해서, 지금은 종합 마케팅 에이전시 사업을 하고 있다. 주목할 만한 것은 여전히 대학내일은 성장 중인 회사라는 것이다.

많은 회사가 높아지는 퇴사율로 고민하고 있는 가운데, 대학내일은 구성원들의 일자리 만족도를 높여 가면서도, 마케팅 업계에서도 주목하는 좋은 솔루션을 만들어 내고 있다. 사업이 변하고, 사람들이 바뀌는 과정 속에서도 20년간 꾸준히 계속되고 있는 이 기업의 생존 비결은 대체 무엇일까.

회사 내 다양한 시스템과 의사결정 과정을 보면서 내린 결론은 '대학내일은 밀레니얼 세대처럼 일한다'는 것이다. 밀레니얼 세대처럼 일한다는 말은 곧 밀레니얼 세대의 가치관과 행동 방식이 회사 시스템에 녹아 있다는 이야기도 된다. 특별한 사람들이 모이지 않았지만, 특별한 방식으로 일하는 회사라 할 수 있다. 특히 현재의 기업문화 대부분이 최근 3년 안에 만들어졌다는 점에 주목할 필요가 있다. 오랜 시간 시스템을 만드는 데 집중했고, 그 이후부터는 시스템에 따라 상시적으로 변하면서 발전하는 조직문화가 자리 잡고 있다. 이 말은 올해보다 내년에, 그리고 앞으로 조직문화가 더 정교해지고 고도화될 것이라는 뜻이다.

이 책의 1부에서는 밀레니얼 세대가 견디기 힘들어하는 조직 환경들을 살펴보고, 그에 맞춰 대학내일은 어떻게 밀레니얼 세대와 일하고 있는지를 담았다. '사람이 목적이고 이익은 수단이다', '주인이어야 주인의식이 생긴다', '동료의 땀을 탐하지 않는다'는 세 가지 경영철학을 바탕으로 대학내일이 실제로 일하고 있는 방식과 제도를 설명했다. 이 책에서 소개하는 대학내일의 다양한 실험들이 앞으로 밀레니얼 세대와의 조화를 꿈꾸는 많은 회사에게 작은 힌트가 되길 바란다.

2부에서는 밀레니얼 세대와 수평적인 방식으로 소통하는 방법에 대한 이야기들을 담았다. 대학내일 안에서 밀레니얼 세대는 어떻게 생각하고, 어떻게 반응하는지를 사례를 기반으로 정리해 봤다. 미리 밝혀 두지만 이것은 정답이 아니다. 그저 하나의 방식일 뿐이다. 하지만 이 책에 소개하는 밀레니얼 세대와의 소통법은 그들의 다양함을 조금이나마 이해하는 데 도움이 될 것이다.

차례

Part 2

밀레니얼과 어떻게 소통해야 할까?

밀레니얼 세대와의 소통, 관계론

Part 1.

밀레니얼이
견디지 못하는 것들

밀레니얼 세대가 원하는 회사와 업무 방식

밀레니얼 세대는 모른다. 온 기업과 사회가 자신들을 밀레니얼 세대로 구분 짓고, 신경을 곤두세우고 있다는 사실을 말이다. 간혹 '우리가 그렇게 특이한가?'라고 생각은 해도, 유별나다고 인정하지는 않는다. 어쩌면 밀레니얼 세대의 80% 이상은 자신이 밀레니얼 세대에 포함되는지도 모를 수 있다.

이들은 대학에서 불과 세 학번만 차이 나도 윗세대를 '고인 물'이라 놀리며, 서로 관통하는 문화가 다르다고 선언한다. 다섯 학번 정도 차이 나면 화석이나 공룡으로 분류하고 말조차 섞지 않는다. 하지만 회사에 들어가는 순간 모두 '요즘 애들'로 불리는 한 그룹이 되는 것이다. 회사의 시스템을 곧이곧대로 받아들이지 않아 통제하기 힘든 밀레니얼 세대로 말이다.

하지만 밀레니얼 세대의 눈에는 오히려 사회가 이상하다. 그토록 퇴사하고 싶다면서 그만두지 않는 직장인도 이상하고, 어렵게 들어간 회사를 쉽게 그만두는 직장인도 이상하다. 그러다 취직에 성공하면 이상한 일은 더 많아진다. '왜 회사는 이렇게 일하지?' '왜 이런 비효율적인 시스템을 유지하는 거지?' '왜 이런 말도 안 되는 결정을 하는 거지?' 그저 불필요한 일을 하지 않고, 사람답게 살고 싶을 뿐인데 그 간단한 것이 왜 그리 어렵기만 한지 아직 이해하기 어렵다.

밀레니얼 세대는 수많은 물음표 중 일부를 기성세대보다 조금 더 밖으로 잘 꺼내 놓을 뿐이다. 기성세대와 다르지 않다. '요즘 애들은 버릇이 없고 노력을 하지 않는다'는 메시지는 과거에서부터 있어 왔다. 한비자의 『오두(伍蠹)』에도 있고, 『조선왕조실록』에도 언급됐을 정도다. 즉, 현재 세대를 바라보는 이전 세대의 시각은 예나 지금이나 그 맥락이 다르지 않다. 눈에 차지도 않고, 성실하지도 않으며, 예의도 없어 보인다.

그럼에도 기성세대가 밀레니얼 세대를 알고자 하는 것은 직장이라는 한 공간에서 일하며 관계를 맺어야 하기 때문이다. 밀레니얼 세대와 함께 일하며 어떻게든 성과를 내야 하는 것이 회사다. 성과를 내려면 이들의 동의를 얻고 같은 목표를 추구해야 하는데, 늘 다른 목표를 추구하니 곤란한 상황이 벌어진다. 그러니 대부분의 기성세대는 어떻게 생각이 다른지를 알고 싶어 한다. 하지만 앞서 얘기했듯 맥락은 대부분 다르지 않다. 다른 건 디테일한 상황이다. 이들이 왜 다른 주장을 내세우고, 왜 다른 행동을 보이는지를 이해하면, 밀레니얼 세대의 판단과 가치관이 납득이 될 것이다.

01

우리를 착취하는 기업은 못 참아

- 통계 및 데이터 분석 능력 우수자 및 영어, 일어, 중국어 능통자 우대

- SNS 콘텐츠 제작, 운영 및 이미지, 영상 제작 능력 우수자 우대(운영팀)

- 마케팅 전공자 및 영어 능통자 우대(홍보팀)

- 마케팅 전공자 및 영어, 스페인어 능통자 우대(미래전략파트)

- 준학예사 이상 자격증 소지자 우대(사업전략파트)

- 국가유공보훈대상자 우대

• 인턴기간 성적 우수 시 정규직 또는 계약직으로 전환 검토
• 월 1,750,000원(세전)

2019년 한 스포츠 협회의 인턴 채용 공고문이다. 어학 능력도 뛰어나야 하고, 거기에 데이터 분석, 영상 제작, SNS 운영 등 정규직으로도 좋은 인재 뽑기 어렵다는 직무 요건이 즐비하다. 인턴 채용임에도 불구하고 정규직 뺨치는 스펙이 필요한 것이다. 이를 두고 취업 준비생들 사이에서는 "저런 고스펙인데 최저임금 수준이라니", "외국어 잘하는 애들 널렸으니, 아쉬우면 오지 말라는 뜻이냐"는 비난이 이어졌고, 이 채용 공고문은 여러 커뮤니티에서 조리돌림을 당하기도 했다. 특이한 점은 스포츠 분야라서 대부분은 지원조차 할 수 없는 특수 조직임에도 불구하고, 모두가 한목소리로 분노를 쏟아 냈다는 것이다.

이곳뿐만이 아니다. 다른 기업에서도 일반 교육과정으로는 달성하기 힘든 어학 성적을 기본 자격으로 요구하는 일이 빈번하다. 인턴사원 채용임에도 불구하고, '관련 직무 경력자 우대'와 같은 표현들이 들어가 있어 자연스레 경력이 없으면 지원하지 말라는 압박으로 이어지기도 한다. 지원자의 입장은 자연스레 '을'이 되고, 채용을 하는 기업은 '갑'이 되는 것이다. 인턴 직무는 더욱 그렇다. 인턴을 마치 티슈 뽑듯 너무 가볍게 채용한다고 하여 '티슈형 인턴'이라는 신조어가 붙기도 했다. 밀레니얼 세대가 이미 여러 번 경험했던 채용 방식이라는 뜻이고, 이는 열정페이를 강요하는 사회 풍토가 변하지 않았음을 의미한다.

밀레니얼 세대는 기업의 착취에 대해 예민하다. 적절한 스펙을 요구한다면 그에 상응하는 보상이 주어지는 것이 당연하다고 생각한다. 인턴 채용만이 아니다. 정규직 채용에서도 마찬가지의 셈법을 취한다. 따라서 채용을 진행하는 기업들은 밀레니얼 세대가 적당하다고 생각하는 기준치를 끊임없이 알아내야 한다.

"우리 회사는 '저녁 식대 무한 제공'인데도 지원을 안 해요"라고 고민하는 인사 담당자를 봤다. '저녁 식대 무한 제공'이라는 말을 밀레니얼 세대는 '야근을 밤낮으로 시킨다'는 뜻으로 받아들인다. '주 40시간 근무를 준수하며, 야근이 있을 경우 야근 수당을 지급하고, 저녁 식대도 제한 없이 제공한다'라고 설명해야 밀레니얼 세대는 '아 괜찮네'라고 반응할 것이다.

물론 그들도 소수의 대기업이 아니면 모든 항목 하나하나를 정상적으로 보상할 수 없다는 사실을 알고 있다. 실제로 90년대생들에게 "필요할 경우 주말에 연락해도 괜찮은

가?"라고 물으면 대부분 "꼭 필요한 연락이라면 괜찮다"고
답한다. 밀레니얼 세대가 보는 것은 그 기업의 태도다. "아
쉽게도 현실이 이러해서 보상하기 어렵다"와 "이 이상은
절대 못 해준다"의 맥락 차이를 구분해 낸다는 것이다. 특
정 항목 하나를 설명하는 관점만 봐도 앞으로 그 회사에 취
직하면 어떤 일이 벌어질지 그림이 그려지니, 좋은 인재들
이 자연스레 지원을 포기하는 것이다.

　채용 단계부터가 이들과의 소통이다. 더 좋은 대우를 해
주면 좋겠지만, 원하는 조건을 무조건 다 충족해야 일을 하
는 것도 아니다. "왜 우리 회사는 대기업처럼 수면실이 없
나요?"라는 질문은 반드시 수면실을 만들어 달라는 것이
아니라, 업무 중에도 압박받지 않고 쉴 수 있는 휴식이 필요
하다는 의미일 수 있다. 이들의 눈높이에서 대화를 이어 나
가는 시도들이 필요한 것이다.

02

구인 광고는 왜 솔직하지 않을까?

인천의 한 중소기업에서 구인 공고를 냈다. 단 2명을 채용하는 중소기업의 공고였지만, 많은 이들이 이 채용 공고를 스스로 공유할 정도로 화제가 됐다. 밀레니얼 세대의 마음을 움직인 멘트는 이렇다.

- 급여#1 : 신입 기준 연 2,700만 원(주 40시간)부터(임원 면접 후 결정. 주소가 염전로라고 해서 염전노예 안 합니다)
- 급여#2 : 퇴직금 별도이며, 연봉이 곧 실수령액
- 남성 육아휴직 지원(1명 혜택 중)
- 일과 삶 : 워라밸Work and Life Balance 강요
- 휴일 : 공무원보다 더 쉼(크리스마스이브랑 12월 30일도 유급으로 그냥 쉼)

- 근태사용 : G메일 캘린더로 통보. 사유 받지도 묻지도 않음
- 회식 : 매월 마지막 주 금요일 5시 퇴근 후. 참석은 100% 자유. 술 강요 없음
- 간식 : 기본 커피, 과자 외 핫바, 아이스크림 무제한 제공 (먹는 거 아낀다고 회사 돈 더 버는 거 아니고 망하지도 않음)
- 대표가 냉장고에 핫바 없는 거 보고 월 100만 원선 핫바 계약 업무 지시(과거에 못 드셔서 한이 맺혔나 봄. 뒷조사해 보니 대표와 핫바는 아무런 관계가 없었음)
- 사내커플 결혼 시 대표 이름으로 1,000만 원 지급
- 주차비 지원(주차할 자리 없는 회사 많음. 근데 주차할 자리 없다고 주차비 주는 회사 봄? 우린 줌)
- 기본적으로 석식 제공을 하나, 저녁밥을 안 먹고 집에 가니 저녁 매출 안 나온다고 식당 아주머니가 하소연(혼자 살면 저녁 드시고 집에 가면 됩니다)

사내커플 결혼 시에 지원해 주는 비용을 제외하면, 사실상 대기업의 복지에는 못 미친다. 휴일이 이틀 많다는 것도 크게 놀랄 만한 점은 아니며, 휴가 사용 시 사유를 받지 않는 기업도 이젠 꽤 많아졌다고 한다. 회식을 강요하지 않는

것도 마찬가지다. 핫바를 100만 원어치 샀다는 것도 웃음의 포인트는 되지만, 비용으로 환산하면 엄청난 금액도 아니다.

하지만 이 공고가 처음부터 끝까지 유지하고 있는 것은 '어떤 부분들이 당연한지'를 설명해 주는 것이다. 휴가 사유를 묻지 않는 건 놀랄 만한 복지가 아니지만, 이를 묻지 않는다고 강조함으로써 이 직장은 밀레니얼 세대에게 지극히 상식적인 기업임을 광고하는 셈이다.

'퇴직금 별도, 연봉이 곧 실수령액'이라는 말도 그렇다. 상당수의 블랙기업들이 연봉에서 수당이나 기타 다른 항목으로 눈속임을 한다는 것을 알고 있다는 것이고, 이를 밀레니얼 세대가 싫어함을 정확하게 파악한 것이다.

이 기업은 채용 공고 말미에 아래와 같은 멘트를 덧붙였다. "특이한 채용 공고로 편한 느낌이 들 수 있으나, 서류 제출이나 면접에는 진지한 마음가짐으로 임해 주시길 바랍니다." 이는 지원자에게 던지는 메시지임과 동시에 회사도 중심을 잘 잡고 있음을 보여 주는 것이다. 그 결과 2명의 신입사원을 뽑는 이 기업에 1,536명이 지원함으로써, 밀레니얼 세대가 가고 싶어 하는 직장임을 증명했다.

이와 반대의 경우도 있다. '채용 공고 해석' 등의 제목으로 온라인 커뮤니티에서 종종 인기를 끄는 게시물들이 있다.

'고수익' ⇒ 힘들 것이다

'상시모집' ⇒ 다 그만둬서 뽑는다

'책임감 강한 분만' ⇒ 쉽게 그만두지 않는 사람만

이 같은 표현들이 익숙한 밀레니얼 세대는 더 이상 뻔한 표현을 사용하는 채용 공고에는 반응하지 않는다. 특히 채용 공고는 오래전 방식을 바꾸지 않고 그대로 쓰는 경우가 많은데, '연봉 협의', '4대 보험 가입', '수당 별도'와 같은 표현들이 대표적이다. 규모가 크지 않은 회사라면 회사를 다니는 가장 큰 이유가 급여나 복지일 텐데, 그것조차 제대로 알려 주지 않는다면 당연히 밀레니얼 세대는 지원을 꺼릴 수밖에 없다.

물론 연봉 등의 민감한 정보는 공개하기 어려운 것이 현실이다. 하지만 밀레니얼 세대는 채용 공고에 기업을 선택할 수 있는 정보가 조금 더 많기를 바란다. 즉 실제 기업의 분위기와 도전하고 있는 미션, 앞으로의 비전들을 최대한 잘 설명해야만 밀레니얼 세대의 관심을 받게 될 것이라는 뜻이다. 특히 정보를 감추는 것은 더 이상 해결책이 아니다. 어차피 입사해서 알게 될 사실이라면, 이들은 입사 후 퇴사를 주저하지 않는다는 사실을 기억해 두자.

03
노래방은 혼자 갈게요

"오늘 회식 어때?"

"부장님 정말 좋아요. 2차도 가실 거죠?"

소설 같은 대화다. 과거에야 자주 있었을지 모르겠지만, 이제는 저런 대화를 드라마에서조차 찾기 어렵다. 최근 한 커피 브랜드의 TV 광고에도 신입사원에게 술자리를 권하려다가 "막내 먼저 퇴근하겠습니다"라는 당찬 멘트에 상사가 입을 다무는 장면이 나온다. 더 이상 회식을 강요할 수 없는 시대가 온 것이다.

동시에 회식 문화도 변하고 있다. 노래방은 회식의 필수 코스였지만, 더 이상 밀레니얼 세대는 회식 자리에서 노래방을 찾지 않는다. 원하는 분위기에서 원하는 노래도 부를 수 없는 노래방은 가지 않겠다는 그들의 단호한 의사표현 때문이다. 실제로 노래방이 점차 줄고 있다는 것도 이를 증명한다. 2018년 폐업한 노래방은 1,413개였지만, 새로 오픈한 노래방은 766개에 불과했다.

노래방 수가 줄어드는 것은 기업의 조직문화의 변화와도 관계가 있다. 신나는 노래로 분위기를 띄우고, 부장님이 노래를 부르면 탬버린으로 장단을 맞추는 것은 신입사원의 몫이었다. 때론 도우미가 나오는 술집에도 강제로 끌려가야 했다. 성희롱, 성추행도 빈번하게 벌어졌던 과거가 있었다. 하지만 밀레니얼 세대의 신입사원은 이 같은 방식을 견디지 못했다. 회사를 떠나거나, 상사를 고발했다.

"밀레니얼 세대도 노래하는 거 좋아하던데"와 같은 기성세대의 변명은 접어야 한다. 이들은 혼자, 짧게 즐기는 코인 노래방을 찾는다. 혼코노(혼자 코인 노래방 가는 것)라는 신조어가 괜히 등장한 것이 아니다. 정말 노래가 부르고 싶을 때는 내가 원하는 방식으로 나 혼자 즐기면 된다는 것이다.

자연스레 회식 술자리도 변하는 중이다. '오늘 혼냈으니까 술 사주면서 풀어 줘야지'라는 마인드를 가지고 있다면 이제는 생각을 바꿔야 한다. '오늘 혼냈으니까 제발 집에 빨리 보내줘'가 그들의 진심이다. 누구와 어떻게 먹는 술이 좋은지를 이해해야 한다. 밀레니얼 세대도 술을 마신다. 대학 축제에서 주점을 금지했더니, 학교 앞 편의점 주류 판매량이 20배 늘었다는 기사도 있다. 요즘 애들은 술을 안 좋아하는 게 아니다. 불편한 사람과 먹지 않을 뿐이다.

"같이 일하는 사이끼리 친해지면 더 좋은 거 아니냐"는 기성세대의 주장은 "친해야만 일을 더 잘하느냐"는 반문에 가로막힌다. 밀레니얼 세대는 친하지 않아도 높은 성과를 낼 수 있다고 믿는다. 심지어 친밀한 관계임에도 성과가 낮은 케이스를 보며 회식의 필요성을 반박하기도 한다. 이들은 더 이상 술을 마시며 친분을 쌓는 것이 도움이 되지 않는다고 여기는 것이다.

덕분에 회식 문화가 변하고 있다. 스크린 야구나 양궁 카페, 방탈출 카페 등 문화 회식이 인기를 끄는 것도 이 때문이다. 그렇다고 문화 회식이 밀레니얼 세대와 어울리는 정답이란 뜻은 아니다. 그들이 가장 싫어하는 방식을 피하려다 보니 찾은 차선책인 셈이다. 이렇듯 밀레니얼 세대가 좋아하는 회식 스타일을 찾으려고 노력하기보다는, 그들이 무엇을 싫어하는지를 고민하는 것이 더 중요할 수도 있다.

04

싫어하는 걸 제거하는 것이 더 쉽다

2019년, 공유차량 업체 '타다'와 택시 업계의 갈등이 심했다. 타다를 이용하는 사람들이 많아지면서, 기존의 택시 업계가 '생계에 위협이 된다'며 문제를 제기한 것이다. 이해관계가 충돌하던 시점에서 밀레니얼 세대의 속마음은 이랬다.

'택시 기사님들은 왜 사람들이 타다를 이용하는지 모르는 건가요? 택시가 타다처럼만 해주면 택시를 안 탈 이유가 없는데.'

젊은 세대가 '타다'를 선호하는 이유를 찾아보면 다음과 같은 것이 주를 이룬다. '승차 거부를 하지 않는다.' '기사가 말을 걸지 않는다.' '라디오 대신 클래식을 틀어 준다.' '안전운전을 한다.' 알고 보면 이 같은 운영 정책은 젊은 세대가 택시를 탈 때 불편하다고 느꼈던 이유들로부터 시작된 것이다. 승차 거부를 하고, 라디오를 들으며 정치 얘기를 꺼내고, 개인 가정사에 간섭하며 운전을 험하게 하는, 이 모든 것들을 하지 않는 것이 타다인 셈이다.

승객들의 취향은 다양하다. 승객 모두가 좋아하는 시스템이나 방법을 찾기는 어렵다. 하지만 모두가 싫어하는 것을 알아내는 것은 어렵지 않다. 즉, 밀레니얼 세대 모두가 싫어하는 요소만 제거해도 그들을 만족시킬 수 있다는 이야기다.

밀레니얼 세대가 회식을 꺼린다는 뉴스가 많아지면서 기업들은 어떻게 회식 문화를 가져가야 할지 고민한다. 그래서 기업 강연 때마다 질문을 던진다. '회식이 싫다'는 신입 사원을 위해 어떤 회식 제도를 운영하느냐고. 영화나 뮤지컬을 보는 문화 회식을 도입한 회사도 있고, 9시까지만 마시고 집에 가는 회식 제도를 택하기도 한다. 해결책은 간단하다. 회식이 싫다면 회식을 안 하는 것이 가장 쉬운 정답이다. 그럼에도 불구하고 회식을 반드시 해야 한다면 회식을 싫어하는 이유를 알아내어 제거하면 된다.

밀레니얼 세대가 회식을 싫어하는 이유는 대략 이런 것

이다. 회식 날짜를 '갑자기' 통보하고, 회식 메뉴로 '원치 않는' 음식을 먹으며, 자리 배치가 불편하고, 너무 오랜 시간을 잡아 두며, 하기 싫은 건배사를 시키고, 듣기 싫은 부장님의 훈계를 들어야 할 뿐 아니라 젠더 감수성이 부족한 멘트나 성희롱 언사를 참고 견뎌야 하는 것 등이다.

최근엔 회식뿐 아니라 체육대회나 해외 워크숍을 기피하는 현상까지 나타나고 있다. 아무리 해외여행을 좋아한다고 해도 불편한 사람들과는 가기 싫다는 것이다. 이는 어떠한 좋은 보상이나 혜택도 방식에 따라 원하지 않는 골칫거리가 될 수 있음을 의미한다.

밀레니얼 세대를 이해하기 위해서는 '왜'를 찾아내는 연습이 동반되어야 한다. '그게 왜 싫어? 이해가 안 되네'와 같은 태도로는 밀레니얼 세대와 함께 성과를 내기 어렵다. '이래서 싫어하는구나'를 알아낼수록 그들을 만족시키는 더 다양한 솔루션을 찾아낼 수 있을 것이다.

05

제 가족은 회사가 아니라 집에 있어요

친애하는 ○○그룹 가족 여러분,

기해년(戊戌年) 새 아침이 밝았습니다. 희망찬 새해를 맞아 올 한 해도 건강과 행복이 가득하기를 진심으로 기원합니다. 지난해 우리 그룹은 창립 60주년을 맞아 지속 가능한 성장을 위한 새로운 비전을 선포했습니다. 앞으로 100년 기업으로의 도약을 준비하기 위한 기술적 혁신을 이루고, 동시에 고객의 삶에 가치를 더하겠다는 다짐이 그것입니다. (하략)

이 신년사는 지극히 평범해 보이지만, 밀레니얼 세대가 참지 못하는 한 단어가 섞여 있다. 새로운 비전, 도약, 가치 등의 단어도 이해하기 어렵지만, 특히 조심해야 하는 단어는 바로 '가족'이다 여전히 많은 기업에서 '가족 같은 분위기'를 홍보 포인트로 내세운다. 하지만 요즘 젊은 세대들은 회사 안에서 가족이라는 말을 들으면 진저리부터 친다. 그간 '가족 같은 분위기'라는 클리셰를 사용하며 채용했던 상당수 기업들이 하나같이 최악이었다는 소문이 돌면서, 밀레니얼 세대들에게 경각심이 생겨난 것이다. 실제로 대학내일이 만들었던 '블랙기업 거르는 법 7'이란 카드뉴스에서 유독 많은 댓글이 달린 카드가 바로 '가족 같은 기업에 가지 말라'는 것이었다.

이미 밀레니얼 세대는 알고 있다. 그런 기업일수록 가족끼리 주먹구구식으로 운영하거나, 친하다는 이유로 선을 넘는 경우가 많다는 것을. 다시 말해 가족이라는 키워드를 쓰는 곳이 얼마나 최악인지를 말이다.

당사는 가족 같은 분위기입니다.

본래 뜻 : 가족처럼 편안하고, 따뜻한 분위기의 회사입니다.
밀레니얼의 해석 : 가족처럼 널 부려 먹을 것이다.

（우리는 진짜 가족이지만, 넌 아니지.)

그간 기업들이 '가족'이라는 비유를 즐겨 썼던 이유는 가족이라는 공동체가 행복했기 때문 아닐까. 언제 어디서나 나를 보살피고 지켜 주는 단위였지만, 이제 '가족'은 더 이상 늘 행복만 가득한 사이가 아니다. 때로는 불편하고, 심하게 싸우기도 하며, 가끔은 아예 벗어나고픈 현실적인 관계일 수도 있다. 따라서 여전히 '○○기업 가족 여러분'과 같은 인사말을 버리지 못했다면, 밀레니얼 세대와 긴밀하게 호흡할 수 없는 기업임을 자처하는 셈이다.

이들이 피하는 기업의 행태는 더 있다. 바로 대표가 '황제' 같은 곳. 직원들을 노예처럼 부리는 곳은 아무도 선호하지 않는다. 예를 들어 면접장 안에서 대표에게 쩔쩔매는 부장, 팀장들의 모습을 본 지원자는 합격 통지를 받고도 입사를 포기할 수 있다는 뜻이다. 밀레니얼 세대가 수평적인 문화를 갈구하는 것은 아랫사람을 마음대로 다루지 말아 달라는 메시지도 담겨 있다.

06

공동체를 강요하지 마

재미있는 조사 결과가 있다. 70년대생, 80년대생, 90년대생에게 각각 그들이 생각하는 연간 회식과 워크숍의 적정 횟수를 조사했더니, 70년대생은 5.5회/1.6회, 80년대생과 90년대생은 4.6회/1.3회로 나타났다. 눈여겨볼 점은 70년대생보다 적은 수치이긴 하지만, 세대별로 크게 차이가 나지 않았다는 것이다. '팀원들 간의 친밀도가 중요한지'를 묻는 항목도 비슷했다. 70년대생은 76.5%가 "중요하다"고 답했고, 80년대생과 90년대생도 각각 69.5%와 68.5%가 "중요하다"고 답했다. 밀레니얼 세대도 친밀도를 중요하게 여기는 것이다.

하지만 차이가 다소 컸던 문항이 있는데, 바로 '팀원 간에 업무적인 사항 외에 서로에 대해 아는 것이 필요한가'에

대한 문항이었다. 이 문항에 대해 70년대생 43%와 80년대
생 39.5%가 "그렇다"고 답했지만, 정작 90년대생은 29%만
"그렇다"고 답했다. 즉 밀레니얼 세대는 친밀도를 높이기
위해 군이 사적인 정보를 알려고 하지 않는다는 것이다.

한 기업에 강연을 갔을 때, 팀장급 직원이 "소통하기 위
해 묻는 질문들이 부담스럽다고 하면 어떻게 가까워지냐"
고 항변했던 적이 있다. 신입사원에게 여자 친구가 있느냐
고 물었다가 "그건 사생활"이라고 핀잔을 받은 것이다. 여

동료 관계에 대한 세대별 인식 비교

■긍정응답(그렇다) ■중도응답 ■부정응답(아니다) [Base: 전체, 단위: %]

		90년대생 (n=200)	80년대생 (n=200)	70년대생 (n=200)
적정 회식 횟수(연간)		4.6회	4.6회	5.5회
적정 워크숍 횟수(연간)		1.3회	1.3회	1.6회
직장 동료와의 관계	가족 같은	9.0%	5.0%	7.5%
	친한 친구 같은	47.5%	54.0%	50.0%
	알고 지내는	23.5%	26.0%	34.0%
	업무 외 무관한	20.0%	15.0%	8.5%
팀원들 간의 친밀도는 팀워크에 중요		68.5 25.0 6.5	69.5 25.0 5.5	76.5 20.0 3.5
팀원 간에 업무적인 사항 외에도 서로에 대해 아는 것은 중요		29.0 44.0 27.0	39.5 39.5 21.0	43.0 41.5 15.5

조사 대상 : 1970년~1999년 출생 남녀 600명
조사 기간 : 2019년 3월 5일~3월 8일

대학내일20대연구소

자 친구랑 뭐 하고 놀았는지 물어본 것도 아니고, 같은 팀인데 그 정도는 물어볼 수 있지 않느냐는 게 그의 주장이었다.

회사는 공동체 생활을 하는 곳이다. 당연히 서로 친밀할수록 업무 분위기가 좋아진다. 그렇다고 이를 강요할 수는 없다. 밀레니얼 세대가 회사에서 관심받고 있다고 느끼는 순간은 나의 사생활을 줄줄이 꿰고 있는 게 아니라 내 업무가 얼마나 힘들고 어려운지를 이해해 주는 팀원이 있음을 알았을 때다.

지난해 트렌드 컨퍼런스T-CON에서 밀레니얼 세대에게 사랑받는 콘텐츠의 인사이트를 모아 발표한 적이 있었다. 당시 대학내일 콘텐츠 중 조회 수가 높았던 영상 하나를 선보였는데, 제목이 '후배와 밥 약속 잡는 법'이었다. 이 영상에는 선배가 후배와 약속을 잡을 때 식당은 어디로 하면 좋은지, 어떤 식으로 첫 대화를 이어 나가야 하는지 등의 내용이 담겨 있다.

이 영상을 본 기성세대는 하나같이 이해하기 어렵다는 반응을 보였다. 밥 약속은 그냥 잡으면 되는 건데, 굳이 디테일 하나하나를 방법으로 가르쳐 주는 것이 신기하다는 것이었다. 하지만 기성세대가 당연하다고 생각하는 것들의 상당수를 밀레니얼 세대는 당연하지 않다고 여긴다.

또 다른 예를 들자면, 대학내일의 네이버포스트 계정으로 2019년 7월 가장 많이 유입된 검색어 중 하나는 '대학교 1학년 여름방학'이었다. 새내기 상당수가 첫 여름방학을 어떻게 보내야 할지 몰라 검색해 봤다는 뜻이다. 과거라면 검색할 필요 없이 선배에게 묻거나 선배가 알아서 알려 줬겠지만, 이제는 이런 간섭 자체를 싫어한다. 선배들도 꼰대 취급을 받기 싫어 피하는 추세다. 관계를 통해 얻던 정보의 양이 현저히 줄어든 것이다.

밀레니얼 세대는 기성세대에 비해 관계의 경험이 적다. 동아리, 학회 등 관계를 맺는 범위가 축소되면서, 선배들이 알려 주던 '관계에 대한 다양한 정보'마저 없어진 것이다. "그럴 때는 이렇게 행동해야 하는 거야" 식의 기성세대의 조언은 때론 불필요한 참견일 때도 있지만, 이런 경험들이 관계의 힘을 길러 주기도 한다. 밀레니얼 세대는 이런 스토리와 경험을 필요로 한다.

그 증거는 다양한 콘텐츠에서 찾을 수 있다. '축의금은 얼마를 하면 좋을지'에 대한 콘텐츠가 높은 조회 수를 기록하고, 커뮤니티에서 인기를 얻어 책으로도 출간된 『예의 없는 새끼들 때문에 열 받아서 쓴 생활예절』과 같은 책들은 인간관계에서 꼭 필요한 정보들을 모은 것이다. 관계가 제한적인 밀레니얼 세대들은 이렇게 핵심적인 방법만이라도 공부해 가며 관계를 유지하고 있다.

밀레니얼 세대에게 업무적으로 만난 사이나, 나이 차이가 있는 선배들과의 어울림은 어색하고 불편하다. 기성세대는 그런 밀레니얼 세대를 보며 "공동체 의식이 없다"고 평가한다. 하지만 이들에게 공동체 의식이 없는 것은 아니다. 과장님, 부장님에게 디지털 기기를 다루는 것이 익숙지 않고 어려운 것처럼, 이들에게는 공동체와 관계가 그러하다. 밀레니얼 세대가 디지털을 가르쳐 줄 때 더 쉽고 친절하게 설명하듯, 기성세대도 공동체와 관계의 필요성에 대하여 친절하게 그들이 이해할 수 있도록 가이드를 제공할 필요가 있는 것이다.

07

주인이어야 주인의식이 생긴다

"직원들에게 주인의식을 줄 수 있는 방법이 있나요?"

백종원의 유튜브 채널에서 한 자영업자 사장님이 백종원에게 물었다. 백종원은 늘 어떤 질문에도 막힘이 없는 사람인지라, 질문자는 이 어려운 문제도 솔루션이 있을 거라 기대했던 모양이다. 하지만 백종원은 단호하게 대답했다. "없어요." 질문한 사장님은 실망했겠지만, 이 대답 장면은 '짤방'이 되어 온라인 커뮤니티에 퍼져 나갔고, 특히 밀레니얼 세대는 백종원의 답변에 크게 호응했다. "그놈의 주인의식 소리 좀 그만했으면 좋겠다"는 댓글이 줄을 이었다. 정답은 의외로 간단했다. 모두가 듣고 싶은 말이 바로 이것이기 때문이다. '주인이 아니면 주인의식을 가지게 할 수 없다.'

하지만 오늘도 여전히 많은 기업에서는 '주인의식'을 강조하고 있다. 대체 사장님들은 언제부터 주인의식을 말하게 됐을까? 신기하게도 주인의식이라는 단어는 국어사전에 나오지 않는다. 다만 '오너 스피릿owner spirit'이라는 영어사전 결과만 찾을 수 있다. 원래부터 있었던 용어가 아니라, 필요에 의해 생겨난 단어인 것이다. 직원들을 압박하기 위해서 말이다.

과거 사장님, 대표님들은 직원들의 성과가 만족스럽지 않은 것을 근무하는 태도 탓으로 돌렸다. 주인처럼 생각하면 지출을 더 줄이고, 일을 더 열정적으로 할 것이라고 판단했던 것이다. '이게 다 돈인데….' '조금만 더 일하면 회사 이익이 커지는데….' 주인들의 이런 가치관은 직원들에게 '주인의식'이란 말로 강요되었고, 직원들은 오랫동안 당위적으로 주인의식을 가져야 한다는 말을 들으며 일해 왔다. 진짜 주인이 아님에도 불구하고 일부 기성세대가 입버릇처럼 주인의식을 말하는 것은 이 때문일 것이다.

더 재밌는 사실은 실제로 이런 주인의식을 가지면 다시 반대를 하는 것도 사장님이라는 거다. 주인처럼 생각해서 구매를 알아서 한다거나, 출퇴근 시간을 자신의 판단대로 조정한다거나, 혹은 주인들처럼 회사 전략을 세우다 보면 으레 "네가 뭔데 그런 걸 마음대로 해"라는 지적이 이어진다. 심지어 묻지 않고 마음대로 했다고 책임까지 묻는 일이 빈번하다. 결국 아끼고 희생할 때만 주인처럼 행동하라는 의미인 셈이다. 당연히 이런 가치관이 통할 리 없다.

주인의식을 강조하는 과정에서 어쩌다 약간의 성과가 있었을 수도 있다. 이런 몇 개의 사례들은 자연스레 "거봐, 하니까 되잖아"로 이어졌을 테다. 강제성에 의한 변화인 줄 모르고, 진짜로 주인의식을 가지게 된 것이라 착각한다. 틀렸다. 백종원의 입을 빌려 다시 확실하게 정리하면, 주인의식을 가지게 할 방법은 없다. 적어도 밀레니얼 세대에게는 말이다. 정말로 주인의식을 가지게 하고 싶다면 다음의 두 가지 방법 외에는 없다. 진짜로 주인으로 만들어 주거나, 혹은 주인처럼 행동해도 아무런 책임을 묻지 않거나.

08

서로 사려고 경쟁까지 하는 주식이 있다?

주인의식의 강요는 오래전부터 직원들에게 반발의 대상이었고, 이제 이런 지시는 불합리한 것으로 받아들여진다. 밀레니얼 세대에게 있어 주인의식은 오래된 꼰대식 경영 방식의 언어다. 밀레니얼 세대는 오랫동안 정당한 거래를 해오며 커왔다는 사실을 잊지 말아야 한다. 알바를 할 때도 근로계약서를 쓰는 사회를 경험했고, 일한 만큼 보상받는 것이 당연한 사회에서 살았다. "수고했다는 말 대신 돈으로 주세요"라고 당당하게 말하는 세대인 것이다.

밀레니얼 세대는 주인의식을 가지라고 말하는 기업일수록 나를 착취하는 기업으로 여기며, 또 이처럼 시대감각이 떨어진 멘트를 던지는 기업에서 합리적인 대화가 통할 것이라고 생각하지 않는다. 이들에게 주인의식이란 아직도 과거의 허영된 언어를 쓰는 기업임을 자처하는 표식일 뿐이다.

그럼에도 불구하고 대학내일은 여전히 주인의식이라는 표현을 쓴다. 대부분의 임직원이 밀레니얼 세대로 구성돼 있으니, 당연히 피해야 할 표현임에도 불구하고 오래전부터 지금까지 주인의식이라는 표현을 사용해 왔다.

"주인이어야 주인의식이 나온다."

표현이 특별한 것은 아니지만, 다른 기업들과의 차이는 확실하다. 주인이 아니면 주인의식을 가질 수 없을 테니 진짜 주인으로 만들겠다는 것이다.

대학내일은 창립 이래 지금까지 48만 주의 주식을 발행했다. 그리고 대학내일 직원들이 가지고 있는 주식은 총 48만 주, 100%다. 대표이사가 12%를 가지고 있으니, 직원들은 전체 주식의 88%를 소유하고 있는 셈이다. 따라서 배당이 이뤄져도, 배당의 90% 가량은 고스란히 직원들에게 돌아간다. 대학내일 직원들이 기회가 된다면 언제든 주식을 구매하려 하는 것도, 지난해 2만 주를 유상 증자했을 때 신청 수량이 40만 주에 달했던 것도 이 때문이다. 회사가 망하면 한순간에 휴지 조각으로 변할지 모르는 위험이 있음에도, 대부분의 직원은 걱정보다는 기대를 하며 주인의식을 높여 나가고 있다.

물론 이 같은 인기의 원인에는 현금 배당이 높다는 점도 한몫한다. 법인 설립 이래로 대학내일은 주식 액면가의 10~20%씩 현금 배당을 해왔으며, 최근 3년 동안에는 15~20%씩 배당을 했다. 시중은행 금리와 비교해도 최소 대여섯 배는 높은 수준이다.

한 직원은 이러한 현상이 일어나는 근간에 '신뢰'가 있다고 설명한다. "처음 구매할 때는 앞으로 회사가 분명히 더 성장할 거라는 믿음이 있었어요. 그리고 지금은 은행보다 더 배당이 클 거라는 기대가 있어요. 어쨌든 둘 다 신뢰가 있으니까 사는 거예요. 앞으로 우리가 더 회사를 키울 자신이 있거든요."

대학내일의 직원들은 회사의 투자자이기도 하고 동시에 노동자이기도 하다. 진짜 회사의 주인이기에 주인의식이 생겨나는 것이다. 그리고 대학내일의 여러 제도는 이렇게 만들어진 주인의식에서부터 시작한다. "주인의식을 가져라"라고 회사가 백날 외쳐 본들 무슨 소용이 있겠는가. 밀레니얼 세대에게 논리적으로 설명되지 않는 강요는 적용되지 않는다.

　대학내일 김영훈 대표는 그간 대학내일을 운영하면서, 주식을 소유한다는 것의 의미는 이익 분배권과 의사 결정권을 가지는 것에 있다고 믿고 구성원들에게 주식을 소유할 권리를 제공해 왔다. 동시에 대표이사의 주식은 계속 줄어들어 이제는 10% 남짓에 불과하다. 유상 증자를 통해 입사한 지 만 1년이 넘은 직원들에게 주식을 구매할 수 있는 기회를 부여하고 있지만, 유상 증자만 계속될 경우 기존의 구매한 직원들의 주식 가치가 하락할 수도 있기에, 동시에 높은 직급부터 주식 보유 비율을 줄여 나가고 있는 것이다.

　김영훈 대표는 구성원이 주도적으로 일하는 것이 대학내일의 핵심이라고 설명한다. 실제로 자신이 주인이기 때문에 직원들은 특정 누군가를 위해 일하지 않는다. 대표는 대표이사로서의 역할을 수행하고, 구성원들은 자신의 직책에 맞는 역할을 수행할 뿐, 회사의 중요한 모든 시스템은 주인인 직원들에 맞춰 설계되고 운영되는 것이다.

　대학내일이 밀레니얼 세대를 움직이는 힘도 여기서 나온다. 물론 기업마다 사업의 형태나 조직문화가 다르기 때문에 모든 기업이 대학내일의 이러한 제도를 채택할 수는 없

을 것이다. 하지만 밀레니얼 세대를 움직이는 것이 '주인의
식' 고취가 아니라 실제 '주인으로 느끼게 하는 것'이라는
사실에는 변함이 없다. 그러므로 어떠한 형태든 더 노력한
만큼 보상이 주어지는 구조와 직원이 회사의 주인으로서
권리를 행사할 수 있는 시스템을 도입하려는 노력이 필요
하다.

09

우리 회사는 공정한 회사인가?

밀레니얼 세대는 디지털 커뮤니티의 성장과 비슷한 속도로 자라 왔다. 이들은 다양한 취향의 커뮤니티를 경험했고, 그 안에서 많은 견해와 비판, 때론 비난이 오고 가는 과정을 직접 보았다. 지금의 밀레니얼 세대는 대표적인 '포노 사피엔스Phono Sapiens'다. 이들은 스마트폰을 통해 전혀 다른 환경의 사람들과 익명의 시스템으로 정보를 교류해 왔다. 기성 세대의 인맥이 '지역-학교-회사'로 한정적이라면, 이들은 거리나 나이의 차이를 넘어 더 넓은 범위의 네트워크를 가지고 있다. 심지어 글로벌의 기준치도 알게 되면서 이들이 가진 옳고 그름의 기준은 더 정교해지고 복잡해졌다.

밀레니얼 세대의 가장 큰 특징으로 일컬어지는 '공정성'은 이런 배경 덕분에 시작됐다. '무엇이 공정한가'에 대한 기준을 알려 주는 것은 직장 선배가 아니라 디지털 네트워크 속 누군가이다. '중립기어(어떤 뉴스의 정보가 확실해지기 전까지 섣불리 의견을 제시하지 말 것을 이르는 말)'나 '흑우(호구라는 뜻의 신조어로, 아직도 정보의 습득이 느린 사람을 비유해 부르는 말)'와 같은 신조어가 생긴 배경도 여기에 있다. 누군가가 바보 같은 행동을 하거나, 정보가 뒤처지는 것을 막고자 서로의 행동을 독려하는 것이다. 덕분에 이들은 네트워크 환경 안에서 스스로 만든 옳고 그름의 기준을 가지게 되었고, 익명 시스템 안에서 자연스럽게 잘못된 행위에 대해 비판해 왔던 것이다. 그리고 비판의 대상은 개인을 넘어 회사, 국가에 이르기까지 범위에 한계를 두지 않는다.

회사가 윤리적이어야 하는 이유가 바로 여기에 있다. 연봉이 아무리 높아도, 워라밸이 균형 있게 잡혀 있다고 하더라도 조직이 비윤리적이면 그에 대해 비판의 목소리를 낼 줄 아는 것이 밀레니얼 세대다. 전 세계 36개국 밀레니얼 세대 1만 455명을 대상으로 실시한 〈2018 딜로이트 밀레니얼 설문조사〉 결과를 보면, 밀레니얼 세대가 윤리성에 대해 예민하게 주시하고 있음을 확인할 수 있다. '기업들은 더 넓은 사회를 고려하기보다 자신만의 목적에 초점을 맞추는가?'

라는 문항에는 75%의 응답자가 "그렇다"고 말했고, '기업들이 돈을 버는 것 이상의 관심이 없는가?'라는 문항에는 62%의 응답자가 "그렇다"고 답했다. 그리고 "기업들은 윤리적으로 행동하는가?"라는 문항에 "그렇다"라고 응답한 밀레니얼 세대는 48%에 불과했다.

밀레니얼 세대와 일할 때는 프로젝트의 방향성을 비롯해 일을 하는 프로세스 하나하나에 공정한 기준과 윤리적인 사고방식이 필요한 것이다. '밀어내기 갑질'로 큰 비판을 받았던 ○○유업의 경우 6년이 지나도록 불매운동이 계속되고 있다. ○○유업이 브랜드명을 바꿔 새 제품을 출시하더라도 끝까지 찾아내서 불매운동을 이어 가는 '숨은 남양 찾기'라는 놀이마저 생겨났다. 최근에는 바코드 스캔만으로 ○○유업 제품인지를 알려 주는 '○○유없(isnamyang.nullfull.kr)'이라는 사이트가 만들어지기도 했다. 진정으로 사과하지 않고, 브랜드 이름만 감추는 형태로는 밀레니얼 세대를 만족시킬 수 없다.

지난 1월 19일 금요일에 신임 사장님과 사원들의 퇴근 후 대면식 술자리가 있었습니다. 그때 19일의 금요일이라며 사장님께서 하신 말.

"19금엔 2차 가야지."

이게 연매출 16조 회사의 대표이사가 일개 사원들과의 술자리에서 할 소리인가요? 신임 사장님이 돌아가며 퇴근 후 사원들과 술자리를 갖는데 굳이 땡초를 알아서 준비해 두는 총무팀 문제도 있네요.

– Blind 게시글 중에서

이제는 기업 안에서 벌어지는 일들을 더 이상 감출 수 없는 환경이 됐다. 직장인 익명 커뮤니티인 '블라인드'에서는 기업 오너나 회사가 잘못을 하는 경우, 이를 폭로하거나 비판하는 글이 올라온다. 전현직 직원들이 기업 리뷰를 남기는 '잡플래닛(jobplanet.co.kr)'이나 '크레딧잡(kreditjob.com)'도 마찬가지다.

리뷰 사이트가 아닌 SNS 오픈채팅방에서는 더 적나라한 정보가 공유된다. 특정 직군이나 기업의 채용 시즌에 맞춰 열리는 오픈채팅방에서는 지원하지 말아야 하는 기업의 리스트가 줄줄이 공유된다. "그 스타트업에는 개국 공신이 있어요." "가족이 경영하는 회사입니다. 쓰지 마세요." "대표가 갑질해요."

　이렇듯 정보가 잘 공유되는 환경이 조성되어 있기 때문에, 공정한 방식으로 일하지 않는 기업은 밀레니얼 세대의 지지를 받기 어렵다. 밀레니얼 세대가 비윤리적이라고 꼽는 건 탈세, 성희롱 등 확실한 불법적인 행위도 있지만, 편법의 범주도 포함된다. '밀어내기', '협력사 갑질', '의도적인 비정규직 운영' 등도 좌시하지 않는다. 나아가 '환경 문제에 관심이 있는가', '사회 환원에 노력하는가' 등도 이들이 회사를 신뢰하는 요건 중 하나가 된다.

10

이제는 워커밸이 중요한 시대

"반말로 주문하면 반말로 주문 받습니다"

"손님도, 우리도 모두 귀한 자식입니다. 귀하게 대해 주세요."

'손님은 왕이다'라는 말이 유행했던 시절이 있었다. 이 말은 서비스업의 기본으로 받아들여졌다. 내가 지출하는 돈만큼 당연히 되돌려 받아야 한다는 식의 논리는 갑질로 이어졌고, 아르바이트생의 대다수를 차지하는 밀레니얼 세대들은 갑질로 인해 많은 고통을 견뎌야 했다.

아르바이트생만의 이야기가 아니다. 회사도 마찬가지다. 대행사는 대행사대로 클라이언트를 챙겨야 한다. 대기업은 대기업대로 눈치를 봐야 하는 상대가 있다. 우리 회사의 직속 상사뿐 아니라 회사의 존속을 위해 누군가를 더 신경 써야만 했다. 커뮤니케이션해야 할 대상이 아닌, 모셔야 할 상대가 따로 있다는 이야기다.

지금은 상황이 달라지고 있다. 이 문제를 조직이 해결하지 않으면 밀레니얼 세대는 더 이상 회사를 위해 희생하지 않는다. 그래서 손님과 직원을 대등한 위치로 봐달라는 요구가 생겨난 것이다. '워커밸Worker-Customer-Balance'이라 불리는 이 개념은 앞으로 기업들이 신경 써야 할 중요한 가치관으로 자리 잡아 가고 있다.

워커밸은 감정노동에 시달리는 사회적 약자의 입장에서 필요한 것이지만, 보다 큰 범주에서는 밀레니얼 세대가 원하는 기업의 당당함과도 연결돼 있다. 그들은 상품을 팔더라도 제품의 질과 양, 합리적인 서비스로 공정하게 거래하길 원하지, 거래처를 접대해 가며 혹은 비굴하게 숙여 가며 일하고 싶어 하지 않는다.

"아메리카노 한잔 나오셨습니다" 같은 아르바이트생들의 멘트에 밀레니얼 세대가 화를 내는 것은 커피를 감히 사람만큼 추켜세워서도 아니고, 간접 높임법을 제대로 못 배워서도 아니다. 손님이 받는 커피 한 잔마저도 극진하게 높여야 하는 사회에 대한 분노다. 아르바이트생 하나도 보호해 주지 못하는 카페의 현실이 서글픈 것이다.

"저 염색한 지 얼마 안 됐는데 괜찮을까요?" 고객사 미팅을 앞두고 새파랗게 염색한 머리색이 너무 건방져 보일까 걱정하는 팀원이 있었다. 팀원에게 "전혀 문제 되지 않는다"고 말했던 이유는 우리 회사가 고객사에게 겨우 머리색 때문에 눈치를 봐야 하는 회사가 아님을 알려 주고 싶어서다. 물론 사회적으로 일정 수준의 예의는 필요하지만, 착해 보이는 머리를 해야만 일을 잘하는 것은 아니니까 말이다.

나날이 치열하고 각박해지는 경영 환경에서 살아남기도 벅찬데, 이런 것까지 신경 써야 하느냐고 반문할지도 모른다. 하지만 이런 작은 차이를 만드는 데서 기업문화의 혁신이 시작된다. 작은 혁신이 모여 조직문화를 만들고, 조직문화를 바탕으로 기업 간의 격차가 만들어질 것이다. 밀레니얼 세대가 일하고 싶은 기업은 '일류 기업'이 아니라, 워커밸을 지향하는 '당당하게 일할 수 있는 기업'이니 말이다.

11

우리 회사 채용 시스템에 문제가 있다

밀레니얼 세대가 특히 공정성을 예민하게 평가하는 대상
은 바로 채용 프로세스다. 상당수 취업 준비생들에게 대학
교 4년은 취업이라는 큰 목표를 이루기 위한 필수 관문으로
여겨지기도 한다. 때문에 채용 과정만큼은 더더욱 공정한
시스템으로 이루어져야 한다고 보는 것이다. 이러한 공정
성에 대한 요구는 '블라인드 채용'이라는 채용 트렌드로 이
어졌고, 기업마다 더 객관적으로 심사하기 위해 심사에 불
필요한 여러 정보를 심사자가 볼 수 없도록 블라인드 처리
를 하고 있다.

이와 관련해 재미있는 조사 결과가 있다. 대학내일 20대
연구소가 조사한 '2017 전국 대학생 취업준비 실태조사'
에 따르면, 블라인드 처리가 불필요한 항목으로 '자격증

(17.9%)', '어학 점수(18.7%)', '학점(23.8%)'에 이어 네 번째로 '출신 대학교(31.1%)'가 꼽혔다는 사실이다. 출신 대학교를 공개하는 것은 그간 학벌이라 불리며 없어져야 할 항목으로 인식되어 왔지만, 이제는 오히려 '노력을 통해 들어갔기 때문'에 평가에 반영하는 것이 공정하다고 여기는 것이다.

"자기들이 고등학교 때 노력 안 한 건 생각 안 하고ㅋㅋㅋ 지방에 대학 간 순간 자기가 안고 가야 할 책임이다."
"지방대생의 비애? 서울권 학교 학생들은 거저 들어갔고 들어가서 공부도 안 한 줄 아나?"

이러한 현상은 대학내일 유튜브 채널에서 '지방대 취준생들의 설움'을 주제로 하는 영상을 공개했을 때 달린 댓글에서도 쉽게 찾아볼 수 있다. 심지어 "지방대는 지역할당제로 인해 취업 버프(온라인 게임 등에서 캐릭터의 기본 능력치를 일시적으로 증가시켜 주는 효과나 스킬을 뜻함)를 받았는데 그게 더 불공정한 것이 아니냐"는 반응도 있었다.

앞서 언급한 조사에서도 확인했듯이 이들은 노력으로 바꿀 수 있는 것들은 '공정한 경쟁 항목'으로 분류하고, 노력

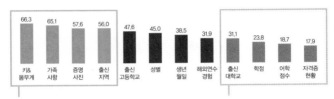

블라인드가 필요하다고 생각하는 항목

Q: 귀하는 블라인드 채용과 관련하여 입사지원서의 어느 항목까지 블라인드가 필요하다고 생각하십니까? 블라인드가 필요하다고 생각하는 항목을 모두 선택해 주세요.

[Base: 전체, n=1,400, Unit: 복수%]

키&몸무게	가족사항	증명사진	출신지역	출신고등학교	성별	생년월일	해외연수경험	출신대학교	학점	어학점수	자격증현황
66.3	65.1	57.6	56.0	47.6	45.0	38.5	31.9	31.1	23.8	18.7	17.9

블라인드 필요성이 높다 생각한 항목
태어나는 시점 혹은 개인의 노력으로 변화할 수 없는 부분
회사 수행 업무와 무관하다고 생각하는 것

블라인드 필요성이 낮다 생각한 항목
개인의 노력이 반영되어 스스로 성취한 항목
취업 후 업무 능력과 관련이 있으리라 생각하는 것

조사 대상 : 전국 취업준비생 1,400명
조사 기간 : 2017년 7월 27일~31일

🔍 대학내일20대연구소

으로 바꿀 수 없는 외모, 키, 가족사항 등은 '비공정한 경쟁 항목'으로 분류한다. 채용 과정에서 노력으로 만들어진 결과들로만 평가를 해야 한다는 입장이 강한 것이다.

이와 관련해 실제 대학내일에서도 채용 과정에서 '인맥'의 요소가 평가에 반영된다는 의심을 받은 적이 있다.

최근 대학내일 채용에 관심이 있는 지인에게 굉장히 당황스

러운 소식을 접했습니다. 이번 채용 시즌 서류 접수란에 대학내일을 추천한 '추천인'의 이름과 관계, 연락처, 팀 등을 넣는 난이 생겼다는 겁니다. (중략) 아무리 추천인 기입란이 선택이고, 채용과 관련해 가산점 등의 관련이 없다고 한들, 채용 접수란에 이런 부분이 있다는 것 자체가 시대를 역행하는 흐름이 아닌가 싶습니다. 이번 채용에 추천인란을 만들게 된 이유가 무엇인지, 앞으로 유지하게 되는 건지 궁금합니다.

Re: 안녕하세요, 인재경영팀에서 답변드립니다.
먼저 외부에 오픈되는 공개채용 진행에 있어 불필요한 오해의 소지를 만들게 되어 죄송합니다. 이번 채용은 외부의 채용 시스템을 도입한 첫 사례입니다.
서류 지원서 작성 단계에서 '지원자의 공고 인지경로 파악'을 목적으로 항목들을 세팅하던 중, 지원경로 항목을 원 시스템의 기본값으로 설정하면서, 추천인 기재란이 함께 노출되었던 것입니다. 현재는 관련 보기 항목을 삭제한 상태이고, 아래와 같이 지원경로 선택을 하게끔 수정하였습니다.

1) 자사 채용 홈페이지 및 SNS

2) 사람인 3) 잡코리아 4) 취업커뮤니티

5) 학교 및 학과 취업정보사이트 6) 기타 경로

말씀 주신 것과 같이 저희 대학내일은 특정 내부 구성원의 추천에 가점 혹은 이점을 주는 제도를 운영하고 있지 않으며, 이를 방지하기 위해 직원평의회를 포함해 많은 구성원이 함께 참여해 평가하는 심사 방식을 두고 있습니다.

그럼에도 불구하고 준비과정의 오류로 불필요한 오해의 소지가 생기게 된 점 다시 한번 송구하다는 말씀 드립니다. 앞으로의 채용 준비과정은 보다 더 세심히 점검하고 챙기도록 하겠습니다. 주신 편지 덕에 더 큰 문제가 발생하지 않도록 빠르게 조치할 수 있었습니다. 애정 어린 소중한 의견 감사드립니다. 고맙습니다.

- 2018년 10월 30일, 대학내일에 보내는 편지의 답변 중에서

위에서 살펴보았듯, 다행히 오해로 드러났지만, 만약 이러한 오해를 해소할 창이 없었다면 대학내일에 대한 실망감은 분명 더 커졌을 것이다. 정정당당한 환경에서 노력으

로 이룬 결과물이 아닌 다른 항목이 심사에 반영될 경우, 이는 당연히 그 회사에 대한 불만으로 이어질 수밖에 없다. 우수한 밀레니얼 인재들을 채용하고 싶은 기업이라면 이 점을 유념해야 할 것이다.

"어떻게 하면 일을 잘할 수 있을까만 고민합니다"

대학내일 조직문화의 핵심이 뭐라고 생각해요?

● 지구력이요. 인내심도 많고요. 끈기가 있어요.

잘 참는다는 뜻이에요?

● 어떻게든 해낸다는 의미예요. 사업이 커지는 걸 보고 있으면, 처음에는 우왕좌왕하는데 결국에는 시장의 속도를 따라잡더라고요. 처음에는 매거진만 만들다가 대외 활동, 지금은 SNS 대행도 하고, 프로모션도 하고, 영상도 잘 만들고요.

지구력이 있는 사람들만 뽑아서일까요? 대학내일에 들어오면 지구력이 길러지는 걸까요?

● 들어오면 생기는 거 같아요. 야근이 많았을 때도, 사실 회사에 대한 고민은 없었어요. 어떻게 하면 일을 잘할 수 있을까만 고민했죠. 제 친구는 가족경영 회사에 다니는데 일 말고도 신경 쓰는 게 많더라고요. 대표가 시키는 잡일도 해야 되고, 누가 횡령하는 것 같아서 감시해야 하고 그렇다고 하더라고요. 적어도 대학내일은 쓸데없는 데 시간을 덜 쓰는 것 같아요. 그래서 점점 직원들 역량이 성장하는 거 아닌가 싶죠. 회사가 나쁜 짓을 안 해서 참 다행이에요.(웃음)

12

녹음기를 켜는 밀레니얼 세대

"매일 '정신 나갔냐?', '앞길 막아 버린다' 소리를 듣고 살아요. 증거 좀 남기려는데 녹음기 하나 추천해 주세요."

"시계형이나 단추형 쓰세요. 18~24시간 녹음되니까 출근하면서 켜고, 퇴근하면서 끄시면 돼요."

직장 내 갑질이 많아지면서, 밀레니얼 세대는 갑질에 대응하기 위해 초소형 녹음기를 준비하고 있다. 모 항공사 전무의 물벼락 갑질 때도 논란이 더 확대됐던 것은 '녹취 파일' 때문이었다. 디지털 기기가 발전하면서 더 이상 녹음은 기술적으로 어려운 작업이 아니다. 따라서 계약 관계나 직장 내에서 불합리한 상황이 있을 때마다 녹음이 빈번해지고 있는 것이다.

이를 두고 한 소셜커머스 업체는 아예 계약 조건에 '직장 내 녹음 금지'를 조항으로 넣기도 했다. 부득이하게 녹음해야 할 경우에는 회사 법무팀으로부터 서면 승인을 받아야 한다는 규칙까지 세웠다. 하지만 이런 방식으로는 밀레니얼 세대를 막을 수 없다.

밀레니얼 세대는 모든 것을 저장한다. 녹음뿐 아니라 카카오톡과 같은 메신저도 마찬가지다. 밀레니얼 세대는 기기를 바꿔도 대화 내역을 고스란히 새로운 기기로 옮긴다. 과거의 대화 내역을 감추려 한다면 기술의 발전 속도만큼이나 많은 노력이 필요해진다는 뜻이다. 그럴 바에는 차라리 모든 정보를 오픈하는 것이 더 나은 방법일지도 모른다.

대학내일에는 대표이사의 방이 따로 없다. 이제껏 없었고, 아마 앞으로도 없을 것이다. 일반 직원과 똑같은 책상을 쓰고, 그들의 옆자리에 앉아 일한다. 대표이사뿐만 아니라 경영진, 팀장 등 다른 리더도 마찬가지다. 리더의 공간이 없다는 것을 외부에선 수평적인 문화의 결과로 보지만, 사실 다른 의미도 있다. 아무것도 가려져 있지 않다는 것이다. 대표이사가 바로 옆자리에 앉아 있다는 건 대표이사의 모든 업무가 직원들에게도 공유된다는 뜻이다.

밀레니얼 세대는 정보를 다루는 데 익숙하다. 성장하면 서부터 PC를 다뤘고, 인터넷을 사용하면서 다양한 정보를 검색해 왔다. 잘 모르는 정보는 어떻게든 찾아내고, 이해되지 않는 것은 스스로 배워 온 세대다. 회사 안으로 들어온 이들은 프로젝트가 무슨 이유로 진행되는지 궁금해하고, 어떤 방법과 시스템으로 자신에게 업무로 전달되는지를 알고 싶어 한다.

그래서 대학내일은 2014년부터 경영회의록을, 2015년 부터는 팀장회의록을 공유하기 시작했다. 구성원들은 회사가 어떤 안건들에 대해서 논의하고 있고, 또 어떤 의사결정을 했는지를 공유받는다. 때론 자신의 의견과 반대되는 회사의 결정이 있더라도, 전체가 어떤 점을 고민하며 결정했는지 알기 때문에 이해의 폭이 넓어진다.

매월 팀장회의록에는 모든 팀의 매출 현황과 손익 상태가 담겨 있고, 근태나 복지제도가 변경될 때는 의사결정 과정과 배경도 담긴다. 최근 무슨 프로젝트를 수주했는지 등 회사 동향을 비롯해, 그 과정에서 이룬 혁신적인 사례도 공유된다. 직원들은 팀장회의록을 통해 신사업 프로젝트에 들어간 비용이나 현황, 건물에 환풍기, CCTV 등을 얼마의 비용으로 설치했는지 그 내역까지 확인할 수 있다.

경영회의록에는 회사 경영진이 고민하고 있는 비즈니스 방향이나 경영철학들이 담겨 있다. 그뿐만이 아니다. 채용, 징계 등의 인사위원회 회의록이나 각 팀별로 진행하는 특이사항들도 모두 공지사항을 통해 오픈된다. 심지어 전체 직원의 법인카드 사용 내역까지도 검색할 수 있다. 직원들이 주인이기에 필요한 모든 정보를 투명하게 공개하는 것이다. 그리고 이런 정보들을 통해 구성원들은 올바르고 합리적인 의사결정을 할 수 있게 된다.

밀레니얼 세대와 일하고 싶다면 주기적으로 결과만 알려줄 것이 아니라 상시적으로 업무 과정을 공유해야 한다. 이들은 본인이 납득해야만 수용하고 움직인다. 함께 진행하는 일이 잘되지 않는다면, 성과만을 강요하기보다 공유하지 않은 정보가 있는지를 확인해 볼 필요가 있다는 것이다. 더 많이 '공유'할수록 그들은 더 적극적이고, 주도적으로 문제를 풀어낼 것이다.

7월 임시 팀장회의 안건 및 회의록

(7월 8일 오전 9시~11시)

1. 상반기 처리 안건 이월(상반기 내에 처리하기로 했던 아래의 안건을 하반기 팀장회의 중에 처리하기로 함)

- 인턴 급여정책에 관한 건(2월 팀장회의)
- 장애인 고용에 관한 건(3월 대학내일에 보내는 편지)
- 대학내일 인건비 기준에 관한 건(5월 팀장회의)

2. 직원평의회 상반기 활동 공유 및 요청사항 토의

- 상반기 활동 공유—NPM 공지사항 참조
- 대학내일 근로소득 책정에 대한 이해 자료
  - ‣ 대표이사 및 경영지원본부, 인재경영팀 작성 초안에 대한 직원평의회 대표단과 경영위원회 의견을 반영하여 수정본 제시(팀장에게 공유한 별도자료 참조)
  - ‣ 이에 대해 팀과 직원평의회 추가의견을 수렴하여 연내 수정 보완하기로 함
- 7층 공용 공간 사용 원칙 준수에 대한 당부
  - ‣ 프로그램 운영을 위한 면접 등으로 구성원들 공용 공간 사용에 불편함이 발생하지 않게 회의실 사전예약의 원칙을 꼭 지켜 줄 것을 요청함
- 택배 공간 분실물 발생으로 인한 CCTV 추가 설치 요청
  - ‣ 추가 설치하기로 함
- 화장실 환풍시설 설치 요청
  - ‣ 건물주 측과 기존 환풍시설 가동에 관해서 협의 중(현재는 가동을 하지 않고 있음)

3. 영업혁신센터 브랜딩 및 고객 소통 활성화 방안 보고

- 대학내일 홈페이지 네이버 브랜드 검색 광고 및 키워드 검색 광고 집행
- 대학내일 홈페이지 챗봇 도입
  - ‣ 비대면 상담 및 소통을 선호하는 고객의 니즈 반영
  - ‣ 즉시 피드백을 원하는 고객의 니즈 반영

4. 정규직 채용 상시화 방안 보고-상세 내용은 리더에게 배포한 자료 참조

- 연2회(상/하반기) 공채 시기를 제외한 나머지 시기에는 인재DB 방식의 상시 채용을 병행하기로 함
  - ‣ 2019년 하반기 시범 세팅 후 지속적으로 시행하고자 함

－2019년 7월 팀장회의록 중에서

13

우리의 실험, 기업민주주의

대학내일의 주식은 비상장 주식이다. 일반 주식 거래처럼 주주가 된다고, 바로 경제적 이익의 수단이 만들어지는 것은 아니다. 하지만 대학내일의 주식을 가진다는 것은 실질적인 대학내일의 주인 권리를 가진다는 뜻이고, 이는 곧 의사 결정권과 이익 분배권을 가진다는 말이다.

김영훈 대표는 대학내일의 운영 원리를 종종 '기업민주주의'라 설명한다. 대한민국의 모든 권력이 국민으로부터 나오듯, 대학내일의 모든 권력은 직원들로부터 나온다. 대표이사는 선출직이고, 팀장은 임명직인 구조다. 그렇게 구성된 리더들은 팀장회의를 통해 중요한 사안들을 표결하여 결정하고, 표결에 앞서 팀장들은 팀원들의 의견을 취합하여 의사를 결정한다.

각 팀은 하나의 작은 회사와 비슷하다. 회사의 큰 룰은 팀장회의에서 정하지만, 일하는 과정에서 필요한 작은 룰은 팀 안에서 정한다. 인력 규모에서부터 근태 제도, 심지어 처우까지 팀별로 상이한 것이 특징이다. 그러다 보니 팀별로 분위기가 다르다는 것이 종종 대학내일의 단점으로 언급될 때도 있지만, 수직적이지 않고 수평적인 조직문화가 만들어지는 최적의 조건이 되기도 한다.

의사결정은 주로 팀장회의를 통해 이뤄지는데, 팀장이 팀원들의 의견을 대변하는 구조다. 예를 들어 최근에는 주 52시간 근무제 도입과 관련해 '패밀리데이' 제도를 계속 운영할지에 대한 토의가 진행된 바 있다. '선택적 시간근로제가 도입되고 휴가 사용이 자유로우니 더 이상 패밀리데이가 필요하지 않다'는 입장과 '그럼에도 불구하고 상징적인 메시지로 패밀리데이가 필요하다'는 입장이 정확히 반반이라, 결정하지 못하고 결국 한 번 더 팀원들의 의견을 취합하라는 쪽으로 안건이 이월되기도 했다.(결국 패밀리데이는 캠페인 형태로 운영하는 것으로 잠정 결정되었다.)

이 같은 기업민주주의 시스템은 아직 완성형이 아니며, 모든 사람이 익숙한 것도 아니다. 하지만 점점 더 복잡한 사

안에 대한 의사결정 과정을 겪으며, 회사에 대한 이해의 폭을 넓혀 가고 있다. 덕분에 대학내일 팀장회의가 끝난 후, 팀장회의록이 공유되면 이런 질문들이 쏟아진다.

"회사에서 이번에 시작하는 신사업 영업이익률이 10% 미만이던데, 그걸 진행하는 이유가 무엇인가요?"

"대표님 복지 너무 남발하시는 거 아닌가요? 비용이 많이 들어갈 텐데 이런 제도를 도입하시게 된 배경이 궁금합니다."

덕분에 대학내일 내에서는 특정 사업이 아무도 모르게 진행되는 경우는 없다. 표결을 통해 입장을 정해야 하니 어떤 안건이든 정보 공유가 필수적이다. 의사결정 과정은 전사에 공유되니 팀장 역시 마음대로 결정할 수 없다. 수평적인 문화는 권위를 내려놓는 데서부터 시작되고, 권위를 없애는 데는 개인의 의지보다 투명한 시스템이 더 효율적임을 대학내일은 지금 실험해 가고 있는 것이다.

14

정해져 있는 건 싫지만, 정하는 것도 어렵다

"밀레니얼 세대의 가장 큰 특징은 뭐라고 생각하세요?"

밀레니얼 세대와 함께 일한다고 말하면 가장 많이 듣는 질문 중 하나다. 밀레니얼 세대의 특징을 한 가지로 정리하긴 어렵지만, 내 기준에서 가장 특이한 요소를 꼽자면 바로 '정해져 있지 않은 걸 못 견딘다'는 것이다. 이들은 일을 하기 전에 어떤 이유로 일을 하는 것이며, 책임은 누가 질 것인지, 그 가운데서 자신의 역할은 무엇이고, 이러이러한 문제가 생기면 어떻게 할 것인지 구체적인 설명을 요구한다. 이들의 이 같은 요구는 불안감에서 비롯하는 것이다.

기성세대는 기준이 명확하지 않았던 시대를 거치며 직접 기준을 만들어 본 이들이다. 방법이 없으면 '일단 부딪혀서 해본다'는 경향성을 갖고 있다. 내비게이션 없이 표지판만 보고도 부산과 강릉을 찾아갔고, 어느 길이 막힌다는 정보도 없이 순간의 판단으로 결정을 내려온 세대다. 하지만 밀레니얼 세대는 다르다. 내비게이션 없이 먼 길을 운전한다는 것은 경험해 보지 않은 영역이다.

이들은 교육과정에서부터 모든 것이 정해져 있었고, 정해진 길을 충실히 따라왔다. 그렇게 하지 않으면 잘못됐다고 혼났고, 반항적이라는 비판을 들어야 했다. 잠깐만 엇나가도 경쟁에서 밀려나기 일쑤였다. 남들은 모두 공부하는데 실컷 놀기만 했던 대학생은 취업 시즌이 되어 후회하는 일이 잦았다. 이들은 기한, 방식 등 정해진 룰을 따르지 않으면 탈락하는, 경쟁이 치열한 시대를 살고 있는 것이다. 그래서 밀레니얼 세대는 여행을 다닐 때조차 가장 손해 보지 않는 가성비 좋은 방법을 검색하고, 검증된 맛집을 찾아다니는 게 자연스럽다고 생각한다.

한번은 팀원들에게 지각 패널티를 정해 보라고 한 적이 있었다. 지각 문제로 리더와 갈등하는 일이 잦아, 차라리 스스로 원하는 수준의 패널티를 정하면 불만이 없을 것이라는 생각에서였다. 하지만 팀원들의 반응은 예상과 달랐다.

"그걸 저희들이 정해도 되나요? 근태 제도는 민감한 영역인데 회사나 리더들이 정해 주셨으면 좋겠습니다. 지각을 관리하는 것은 리더의 책임이라고 생각해요."

정해진 옛날 방식을 따르는 것은 싫지만, 그렇다고 직접 정하기도 곤란한 것이다. 역설적이지만 이런 상황은 직원들에게 의사 결정권이 있는 대학내일에서 종종 발견된다.

우리는 선택 과잉의 시대를 살고 있다. 정보가 산더미처럼 쌓여 있어 어떤 것이 더 효율적인지 검증하기 어렵고, 정보들을 취합해 최선의 선택을 내리는 것도 쉽지 않다. 밀레니얼 세대가 선택을 주저하는 이유는 선택을 잘못해서 손해가 발생하면 그것이 고스란히 자기 몫이 된다는 것을 알기 때문이다.

모든 결정에는 장점과 단점이 공존한다. 늘 정답과 효율을 우선시해 온 밀레니얼 세대는 의사 결정권이 주어지는 게 달갑지 않다. 실패에 대한 책임을 어떻게 져야 할지 모르기에 때론 그것이 두려운 미션처럼 받아들여지는 것이다. 대학내일의 의사 결정권은 그 두려움을 극복해 가는 연습 과정이자 실험이기도 하다. 밀레니얼 세대 스스로가 의사

결정권의 권한과 책임을 이해하고, 회사를 함께 운영해 갈 수 있도록 말이다.

규모가 작은 조직에서 일하는 밀레니얼 세대가 자주 하는 말 중 하나가 "시스템이 갖춰진 곳에서 일하고 싶어요"다. 여기서 '시스템이 갖춰진'이란 '내가 무언가 결정하지 않아도 정해진 대로 따라만 가면 되는'의 다른 표현이 아닐까. 밀레니얼 세대와 일하기 위해서는 그들의 이러한 두려움을 이해하고 인정할 필요가 있다. 그리고 그들이 조직 안에서 작은 선택들을 하고 책임지는 훈련을 하며 리더로 성장해 나갈 수 있는 기회를 부여해야 한다.

15

내 월급은 회사가 아니라 내가 준다

"제 인건비와 재경비를 계산해 보면, 제가 직접 이를 걸려서
하느니 전문 업체와 하루 일하는 게 더 나은 거 아닌가요?"

다른 회사를 다니다가 대학내일로 이직한 직원들에게
'대학내일에서 가장 특이한 점이 무엇인지'를 물으면 상당
수는 '직원 모두가 손익 계산을 한다'는 점을 꼽는다. 실제
로 대학내일 직원들은 대부분 자신의 인건비와 재경비를
늘 계산하고 있다. 주인으로서 손익에 대한 책임을 지고 있
기 때문이다.

회사의 주인이 된다는 것은 의사결정의 권리만 부여받는
것은 아니다. 회사 이익과 운영에 대한 책임도 함께 져야 한
다. 그래서 대학내일은 경영진만 숫자를 보는 것이 아니라,

모든 구성원이 숫자를 본다. 스스로의 손익분기점을 계산하며 팀의 이익, 나아가 회사 전체의 영업이익을 상시적으로 파악해 가며 일한다.

저연차의 입장에서는 이러한 미션이 보통 어려운 일이 아닐 것이다. 이제 3년차인 김모 에디터도 마찬가지다. 단순히 에세이만 쓰면 될 줄 알았는데, 본인의 에세이가 매출에 얼마나 기여하고 있는지 파악해야 한다. 그뿐 아니다. 지난달의 영업이익이 얼마인지에 따라 앞으로 만들어야 하는 콘텐츠의 종류가 달라지니 당혹스럽기 그지없는 것이다. 가끔 팀원들과 면담을 할 때면, 월급에 비유해 이런 시스템을 설명하곤 한다.

"본인 월급을 쓸 때는 스스로 결정하잖아. 식비의 비중을 늘릴 때도 있을 거고, 또 해외여행에 돈을 많이 쓰는 달도 있겠지? 옷을 사야 할 때도 있고, 정기적으로 저축도 해야 할 거잖아. 이 비중은 매달 다르겠지. 월급보다 더 쓸 수는 없는데, 쓸 데가 너무 많으면 어떡해야 할까? 연봉을 올리는 수밖에 없어. 우리 회사도 똑같아. 만약 지출을 더 이상 줄일 수 없다면, 매출을 늘리는 거야. 그렇게 해서 올해 이익이 많다면 그

돈으로 일자리를 늘릴 수도 있고, 아니면 성과급을 많이 줄 수도 있어. 콘텐츠를 만드는 팀도 매출을 신경 써야 하는 이유야."

대학내일은 팀별로 명확한 책임을 지고 있다. 팀별로 매출 목표를 정하고, 매출 범위 안에서 지출을 상시적으로 판단하며 결정한다. 급여를 비롯해, 임대료, 교통비, 탕비실 음료비, 회식비 등 모든 비용이 각자 팀의 예산 안에서 쓰게 되는 구조다. 총 매출에서 지출을 하고 남은 차액이 팀 이익이 되며, 팀들의 이익 범위 안에서 회사의 유보금과 배당금, 그리고 성과급이 결정된다. 따라서 매출을 높이거나 지출을 줄일수록 내가 받게 되는 성과급이 늘어나는 구조인 셈이다.

덕분에 대학내일의 모든 정보는 대부분 오픈되어 있지만, 급여 수준만큼은 잘 알려지지 않고 있다. 동종 업계에서 상위 수준의 급여가 제공되고 있지만, 팀별로 손익에 따라 급여가 결정되는 시스템이기에 몇 년차가 어느 수준이라는 기준치가 없다.

다만 구성원들이 이해하고 있는 한 가지 사실은 '내 월급

은 내가 노력하는 만큼 만들어진다'는 것이다. 구성원 모두
가 리더의 지시가 없어도 매출을 높이기 위한 방법을 고민
하며, 회사의 비용이 낭비되지 않도록 감시하는 이유다.

"한 사람 한 사람이 프로젝트 매니저"

대학내일 조직문화의 핵심이 뭐라고 생각해요?

● 직접 프로젝트를 관리해 보는 경험이죠. 운영하는 프로젝트의 매출, 소요되는 비용, 그 안에서 기여되는 수익들을 직접 관리하면서 주인의식이 생겨난다고 봐요. 개인 하나하나가 PM(프로젝트 매니저) 역할을 하니까요.

그렇게 이익을 따져 가며 일하는 게 더 어려울 때도 있을 텐데요.

● 하지만 내 소득이 어떻게 만들어지는지 알 수 있죠. 연봉 중에 내가 직접적으로 관여해서 받는 범위가 어느 정도인지 아는 거니까요. 내가 정당하게 일해서 이만큼은 받는다, 라는 떳떳함이 생기는 거예요. 덕분에 개개인의 소득 정보를 공유하진 않지만 어느 수준의 연봉을 받는지, 그리고 그 보상을 받기 위해 어떤 노력을 하고 있는지를 서로가 알고 있어요. 이게 중요한 거죠.

성과가 나지 않으면 반대로 소득이 줄어들 수도 있잖아요? 그 점이 신경 쓰이지는 않나요?

● 그게 현실적인 거라고 생각해요. 솔직히 저는 배당률이 높아서 대학내일 주식을 샀거든요. 다른 곳에 투자하는 것보다 그게 낫다고 본 거예요. 가끔 대표님이 "대학내일의 3년 후가 어떻게 될지 모른다"고 하시는데 그 말이 그저 무책임하게 느껴지진 않아요. 재무제표와 손익을 공유하기 때문에 더 현실적이고 솔직하게 느껴져요.

16

"대표님 월급 좀 올려 드릴까요?"

구성원들이 비용을 직접 확인하는 구조이기 때문에, 경영진의 역할도 명확해진다. 대표이사는 연초에 자신이 책임져야 할 역할을 발표하고, 그에 필요한 경비와 급여를 상정한다. 그러면 예산소위원회에서 비용의 적정성을 검토하고, 팀장회의에서 이를 승인한다. 참고로 대표이사는 10년째 연봉이 동결 상태다. 이 때문에 팀장들이 "올해는 월급을 올려 드릴까요?"라는 농담을 던지기도 한다.

직접적으로 매출이 발생하지 않는 부서나 조직도 마찬가지다. 경영지원팀, 인재경영팀, 20대연구소 등은 연간 업무계획과 적정 인력규모, 그에 필요한 급여 및 운영 예산을 꼼꼼하게 정리해서 발표하고, 몇 명의 팀장들로 구성된 예산소위원회가 이를 검토한 후 팀장회의에서 승인 여부를 결정한다. 민주주의 사회에서 정부와 지차체가 예산을 미리 상정하고, 의회가 이를 승인하듯 대학내일 역시 공통적으로 필요한 비용들은 예산을 발표하고 승인하는 과정을 거치고 있다. 기업민주주의라고 부를 수 있는 이유 중 하나다.

대학내일 대표이사는 선출직이다. 창업한 김영훈 대표가 여전히 대표이긴 하지만, 3년마다 선거를 통해 대표이사를 선출하고 있다. 선거 전 대표이사는 3년간 어떤 직무를 중심으로 일을 할 것인지, 조직 내 어떤 문제를 해결할 것인지에 대한 공약을 제시한다. 대표는 언제든 교체될 수 있기 때문에 공약을 지키지 않거나, 독단적인 행동을 할 수 없다. 조직문화에 문제가 되는 발언이나, 지시를 할 수 없게 되는 셈이다.

출마하는 과정에서 유난히 많은 고민을 했습니다.
첫 번째는 어느 조직보다 주체적으로 일하는 구성원과 수많은 피드백을 수용하며 헌신하고 성장하는 리더가 많은 조직에서 저의 역할이 더 있을까에 대한 고민입니다. 두 번째는 참여의 질을 높이고, 역할에 대한 책임을 엄격하게 묻는 방식의 경영이 더 나은 경영 방식의 창출을 가로막고 있는 것은 아닌지에 대한 고민입니다. 세 번째는 엄청난 속도의 변화에 잘 대응하며 우리의 일과 관계를 지속해서 혁신하는 데 제가 적합한 인물인가에 대한 고민입니다.

이 세 가지 외에 다양한 고민을 하면서 조금은 긴 시간을 보냈습니다. 그러면서 내린 결론은 대표이사 선발 절차가 이런 자격을 묻는 것이고 좋은 피드백의 과정이 되리라는 확신입니다. 행복한 일터는 찾는 것보다 만드는 것이 더 빠르다고 생각하는 대학내일 구성원이라면 저의 지난 3년의 잘못과 변화에 대해 냉정한 평가를 할 것이고, 앞으로 3년의 방향과 주요 과제에 대해서도 잘 따져 보고 판단할 것이라는 믿음으로 제5기 대학내일 대표이사 후보자격 심사서를 제출합니다.

아래는 3년의 반성과 3년의 변화 그리고 앞으로의 계획에 관한 내용입니다. 검토하셔서 소중한 한 표를 부탁드립니다.

– 제5기 대표이사 선출 당시 김영훈 대표의 출마선언문 중에서

보통 조직의 문화는 최상위의 결정권자로부터 비롯되는 것이 많다. 하지만 밀레니얼이 일할 수 있는 조직문화란, 최

고의 권한을 가진 대표자가 기분대로 혹은 마음대로 할 수
없게 만드는 데서부터 시작된다.

17

동료의 땀을 탐하지 않는다

문재인 대통령 취임 초기인 2017년 20대의 지지율은 한국
갤럽에서 2017년 6월 27일~29일 동안 1,005명을 대상으
로 실시한 조사에 따르면 80%가 넘었다. 하지만 2019년인
지금 20대의 지지율은 어느 세대보다도 낮다. 하락의 이유
야 다양하지만, 하락의 시작이 되었던 것은 평창동계올림
픽 당시 정부가 여자 아이스하키 남북 단일팀을 추진하면
서부터다. "기회는 평등할 것이고, 과정은 공정할 것이며,
결과는 정의로울 것입니다"라는 문 대통령의 취임 연설에
열광했던 밀레니얼 세대였지만, 어쩌면 '과정이 공정하지
않을 수 있다'는 두려움에 지지를 거둔 것이다.

"불의는 참아도 불이익은 못 참아요"라는 말이 공공연하
게 나오는 사회다. 끊임없이 노력을 강요당하는 시기를 경

험한 밀레니얼 세대에게 '불이익'이라는 건, 참고 견딘 노력이 무산될 수 있음을 의미한다. 따라서 이들은 타인에게 노력 없이 돌아가는 혜택을 견디지 못한다.

대학내일 20대연구소가 2018년 5월 16일~19일 동안 600명을 대상으로 조사한 '북한 및 통일에 대한 세대별 인식 차이 연구'에 따르면, X세대와 Y세대, Z세대 중 통일에 가장 부정적인 세대가 바로 Y세대로 나타났다. 1981~1995년생으로 밀레니얼 세대와 가장 비슷한 Y세대는 전체의 40.0%만 통일에 찬성한다고 답해, X세대(65.0%) Z세대(59.0%)와 비교했을 때 현저히 낮은 수치를 보였다. 통일에 필요한 세금 부담이 걱정된다는 이유에서였다. 대의보다는 자신들이 감당해야 할 불이익이 더 걱정되는 것이다.

이러한 현상은 회사 안에서도 이어진다. 타인이 과대 평가받는 것보다 더 참을 수 없는 것은 자신에 대한 과소 평가다. 즉 누군가가 과한 보상을 받는 것도 참을 수 없지만, 나의 보상이 줄어드는 것은 더더욱 화가 난다는 뜻이다. 밀레니얼 세대가 만족하는 공정한 보상 시스템을 위해서는 이 같은 맥락을 반드시 고려해야만 하는 것이다.

대학내일은 이익을 분배할 수 있는 권리로서, 구성원들

이 성과에 따른 보상을 받을 수 있도록 다양한 노력을 하고 있다. 연차가 높다고 고연봉자가 되는 것이 아니라, 매출이나 손익 등의 정량적 업무성과를 바탕으로 개인의 급여가 변동되고, 도전이나 협업, 역량 향상, 혁신과 모범에 대한 정성적 평가를 더하고 있다. 구성원 스스로가 매년 희망 연봉을 정하고 조직은 목표에 맞는 성과가 달성되도록 도와주는 역할을 담당한다.

한때 대학내일의 팀 중 하나였다가, 현재는 매출 100억이 넘는 회사로 독립한 NHR커뮤니케이션즈도 '동료의 땀을 탐하지 않는다'는 기업철학이 반영된 대표적 결과다. 김영훈 대표는 "사업 부서를 열심히 키워 왔는데 '(그래 봐야) 이 부서는 대학내일 거야'라고 생각하지 않게 하려고 한다. 직원들이 땀 흘린 만큼 대우해 주려고 한다"라며, 실력과 의지가 있는 단위들은 더 많은 주인의 권리와 책임을 가지는 독립 법인으로 분리시키고 있다.

밀레니얼 세대에게 공정성은 개인의 삶을 지켜 내기 위한 실용적 합리주의다. 이들은 아무리 목적과 의도, 명분이 좋아도 과정이 옳지 않다면, 내 삶에 불이익이 온다면 단호히 거부한다. 인사 고과나 연봉 평가에서의 공정성이 중요한 이유다. 밀레니얼 세대가 신나게 일할 수 있는 직장이 되려면 무엇보다 나의 노력이 온전히 평가에 반영된다는 신뢰가 바탕에 있어야 한다.

"동료의 땀을 탐하지 않습니다"

대학내일 직원이었다가 현재는 자회사 대표님이 되셨습니다. 특이한 케이스인 거 같아요.

● 2006년에 사회생활을 시작하고, 2013년에 경력직으로 들어왔어요. 이전까지 보수적인 회사에만 있다가 대학내일에 오니 문화적 차이가 커서 적응하는 데 고생을 했습니다. 수평적인 문화 속에서 적응도 어려운데 성과도 내야하니 괜히 이직을 했나 후회도 되더라고요. (웃음)

하지만 지난 몇 년간 굉장히 높은 성과를 내신 덕분에 자회사 독립까지 이뤄 내셨는데요. 비결이 뭐라고 보시나요?

● 여러 회사를 다녀 봤지만, 대학내일처럼 기회와 자원을 나누는 문화가 있는 회사는 보지 못했던 것 같아요. 사람마다 일하는 목적은 다를 겁니다. 자아실현일 수도 혹은 사회적 지위일 수도 있겠지만, 저는 가장 중요한 요소 중에 하나가 보상이라고 보거든요. 노력한 만큼, 기여한 만큼 충분한 보상을 해주는 제도 덕분에 구성원들이 스스로 일할 수 있었다고 생각해요.

대표님을 보면서 또 다른 희망을 가지게 된 직원도 많다고 합니다.

● NHR커뮤니케이션즈가 만들어지는 과정에서 걱정이 많았습니다. 새로 설립된 자회사보다 대학내일에 충성도가 높은 직원도 있었을 텐데, 40여 명의 구성원이 더 잘해 보겠다는 뜻과 의지로 함께 움직여 준 것이 고맙더라고요.

덕분에 책임감도 더 커졌습니다. 앞으로 NHR커뮤니케이션즈로 문제를 잘 해결해 나가야 할 책임도 있지만, 저희처럼 또 어떤 팀이나 단위가 회사로 성장할지 모르기에 본보기가 되도록 더 열심히 해 나가야겠죠.

경력직 매니저, 파트장, 팀장, 본부장, 대표까지 다양한 직책을 거치면서 대학내일의 조직문화를 전반적으로 빠르게 경험하셨는데요. 어떤 특징이 가장 기억에 남나요?

● 구성원들의 의견을 존중해서 의사결정에 반영한다는 점이었습니다. 보통은 위에서 아래로 내려가는 결정이 많은데, 대학내일은 거꾸로 밑에서 위로 올라오는 방식이었어요. 그러다 보니 최대한 많은 사람의 의견을 경청하려고 하고, 더 나은 결정을 내릴 수 있도록 부단히 노력하고 있습니다.

"밀레니얼, 조직문화의 터닝포인트가 되다"

대학내일을 처음 시작할 때 중요하게 생각하셨던 전략이 있었나요?

● 창간할 때 학생 리포터를 60명 뽑았어요. 제 나이가 스물아홉 살이었으니까 이미 대학교 상황은 잘 모를 때였죠. 그래서 우리가 만들지는 말고, '대학교를 잘 아는 진짜 대학생에게 맡기자'라는 생각을 했습니다. 우리는 그들이 기사를 만들 수 있도록 환경을 제공하는 역할만 하는 것으로 정리했죠. 그들이 스스로 기획하고 아이디어를 내다 보니까, 문화 콘텐츠도 많았고 학생들에게 반응도 좋았습니다. 당시 학보라든지 다른 캠퍼스 매체는 정치 이슈를 많이 다루고 있었으니까요.

그 방식이 효과가 있었다는 뜻이겠죠?

● 당시에는 지하철 무가지가 많았습니다. 한 통신사가 여러 무가지에 동시에 광고를 냈는데, 경로조사를 해봤더니 대학내일의 광고 효과가 월등히 높았다고 하더라고요. 실제로 대학생들이 많이 읽었다는 거죠. 대부분 인쇄하는 부수만큼 광고 효과가 안 나는데, 대학내일은 시장에서 반응이 있으니까 그때부터 사업도 점점 자리를 잡아 갔던 거 같아요.

2008년부터 첫 공채를 시작했습니다. 딱 밀레니얼 세대가 들어오기 시작한 시점이랑 일치하네요. 그들을 보면서 어떤 생각을 하셨나요?

● 공채를 하면서 이들은 '입장이 있다'는 생각이 들었습니다. 이전까지는 영업이라는 미션을 세게 주고, 못하면 혼내면서 일했어요. 하지만 2005년부터

는 대학생 대상 프로그램을 기획하는 사업이 생겨나면서, 프로그램을 잘 기획하고 설명하는 사람, 즉 솔루션을 잘 내는 사람이 필요해지더라고요. 저희는 그런 걸 잘 못하니까요.

새로운 사람들이 들어오니 회사에도 변화가 있었겠네요.

● 인상 깊었던 일이 있는데, 당시까지만 해도 오래된 건물이라 어쩔 수 없이 '남녀공용 화장실'을 쓰고 있었습니다. 근데 공채로 들어온 여직원이 "왜 남녀공용 화장실이어야 하느냐"면서 분리시켜 달라고 얘기하더라고요. 그냥 관행적으로 쓰고 있었는데 생각해 보니 안 바꿀 이유가 없었습니다. 공채로 들어온 직원들은 화장실뿐만 아니라 회사의 모든 것에 대해 불만이 많았어요. 사소한 것 하나하나 다 얘기하더라고요.

그때가 대학내일 조직문화의 터닝포인트였다고 생각합니다. '이들이 계속 다니고 싶어 하는 회사를 만들어야겠다', '조직문화도 이들이 만족할 수 있는 수준까지 만들어야겠다'라는 생각을 했습니다. 우리는 당연하게 잘하고 있다고 생각했던 것들이 이들의 눈에는 만족스럽지 않았던 것 같습니다.(웃음)

그때부터 대학내일 주식을 소유할 수 있는 권리도 생겼던 것 같은데요.

● 대학내일을 만들 때부터 했던 생각이었습니다. 사원 주주회사를 준비하면서 '주식이란 뭘까'를 많이 고민했는데, 결국 주식이란 의사 결정권과 이익 분배권을 가지는 것이더라고요. 그래서 대학내일 법인이 정식으로 생겨날 때부

터 당시 모든 구성원에게 주식을 소유할 수 있는 권리를 제공했습니다. 그러면서 동시에 새로 들어오는 사람들도 주식을 살 수 있도록 기준을 만들기 시작했습니다.

그렇게까지 주인의 권리를 부여하기 위해서 노력하셨던 이유가 있나요?

● 그래야 회사가 잘된다고 믿었기 때문입니다. 지금까지도 그렇게 믿고 있고요. 사람은 시켜서 할 때보다 스스로 할 때 에너지가 넘치기 때문입니다. 주인이어야 주인의식이 생기는 거죠. 물론 사람마다 주체성의 정도는 다르지만, 보편적으로 자기 것을 할 때하고 남의 것을 대신해 줄 때는 다릅니다. 권리를 안주고 주도적으로 일하라고 강요하기보다 권리를 주고 주도적으로 일하게 하는 게 더 낫다고 생각합니다.

대표이사를 선출하도록 안을 만드신 것도 같은 이유에서겠죠?

● 그렇습니다. 맡은 책임과 의무를 스스로 하게끔 하기 위한 장치입니다. 대표이사 선거도 결국 대표이사에 대한 의사결정 과정에 참여하는 경험을 주는 겁니다. 밀레니얼 세대의 경우 주식의 의미를 잘 모를 수 있습니다. 그래서 대학내일 주식 배당률을 특히 신경 쓰고 있습니다. 주식을 소유한다는 것이 이런 형태의 결과로도 돌아올 수 있다는 걸 공부하게끔 계속해 나가는 거죠. 내가 노력한 만큼 보상을 받을 수 있다는 걸 경험하는 것과 경험하지 못하는 것의 차이는 매우 크거든요.

아직도 86%라는 득표율이 높긴 합니다만, 대표이사를 선출하는 과정이나 피드백을 통해 대표님도 느끼시는 바가 있을 것 같은데요.

● 많이 겸손해집니다. 대표이사에 대한 평가 피드백을 받는 과정은 저도 굉장히 힘듭니다. 심리적인 부담감이 커요. 하지만 제 평가를 주관적으로 하는 순간 리더십은 한순간에 무너질 수 있다고 생각합니다. 그래서 끊임없이 제가 하고 있는 역할에 대해 피드백을 받는 장치를 시스템으로 만들어야만 조직도, 나 자신도 건강해진다고 생각합니다.

저는 인생을 살아갈 때 꼭 두 가지가 필요하다고 봐요. 하나는 적정한 노동이고, 다른 하나는 불편한 인간관계입니다. 나에게 쓴소리를 해줄 수 있는 사람 혹은 시스템이죠. 이 불편함이 있어야만 조직과 사람은 계속 성장할 수 있다고 생각합니다.

Part 2

밀레니얼과
어떻게 소통해야 할까

밀레니얼 세대와의 소통, 관계론

"대체 요즘 친구들은 왜 퇴사를 하는 거예요? 돈 안 벌어도 되는 거예요?"

한 대기업의 팀장이 물었다. 신입사원들이 너무 쉽게 그만둔다는 것이다.

실제로 밀레니얼 세대의 퇴사율은 매해 최고치를 경신하고 있다. 2016년 306개 기업을 대상으로 한국경영자총협회가 한국경영자총협회가 실시한 조사에 따르면, 대졸 신입사원 1년 내 퇴사율은 2012년 23%, 2014년 25%에 이어 지난해 27.7%로 꾸준히 상승하고 있다고 한다. 2019년에도 상황은 다르지 않다. 잡코리아에서 2019년 국내 중소기업 678개를 대상으로 조사한 바에 따르면 신입사원 1년 내 퇴사율은 무려 37.2%에 달한다고 한다.

기업들은 신입사원을 채용하고, 교육하는 데 들어가는 비용과 시간이 만만치 않고, 또 퇴사자의 인력 공백을 메우는 기간 동안 발생하는 손해도 크기 때문에 어쩔 수 없이 퇴사를 막으려 여러 제도를 손보고 있다. 급여를 올리는가 하면, 각종 수당을 챙기고, 복지제도도 강화하려 노력한다. 하지만 이러한 방법으로도 퇴사율이 점점 높아지니, 기업의 입장에서는 '돈을 분명 충분히 주는데 왜 퇴사를 선택하는지' 이해되지 않는 것이다.

하지만 '급여가 충분하지 않아서 퇴사한다'는 것은 과거의 얘기다. 밀레니얼 세대의 퇴사 이유는 굉장히 다양하고 구체적이다.

실제로 후배 중 한 명은 좀 더 자신의 적성에 맞는 일을 찾기 위해 퇴사했고, 한 명은 아무 생각 하지 않고 쉬고 싶어서 퇴사를 결심했다. 프리랜서가 되기 위해 퇴사한 동기도 있고, 중소기업이 아닌 체계가 잡힌 대기업에서 일해 보고 싶어 퇴사한 직원도 있다. 이토록 퇴사 이유가 다양하기 때문에 단지 급여와 복지만 강화시킨다고 이들을 잡을 수는 없다.

저마다 일을 하는 이유는 다르다. 돈도 중요하고, 성장도 중요하다. 또 함께 일하는 동료와의 관계도 중요하다. 일에서 사회적인 의미를 추구하는 사람도 있다. 모든 사람을 만

족시키기는 어렵겠지만, 적어도 우리 회사에 필요한 사람
이라면 그가 무엇을, 왜 원하는지 파악해야 한다. 밀레니얼
세대와 소통하고, 그들이 원하는 업무 방식을 알아야만 하
는 이유다.

01

피드백을 강력하게 원하는 세대

밀레니얼 세대는 똑똑하다. 그래서 기성세대들은 "요즘 애들은 우리 말을 들을 줄 모른다"며 불평을 터뜨린다. 자기 잘난 줄만 알아서 기성세대의 조언을 꼰대의 간섭으로 치부한다는 말이다. 반은 맞고 반쯤은 틀린 얘기다.

실제로 이들이 굉장히 뛰어난 것은 사실이다. 얼마 전 방영됐던 채널A의 〈굿피플〉은 로펌에 지원한 청년들의 한 달간의 인턴 생활을 그린 예능 프로그램이었다. 여기에 출연했던 임현서 씨는 올해 29세로, 서울대학교 경영학과를 졸업하고 서울대 법학전문대학원에 재학 중인 고스펙의 소유자다. 이것만 해도 놀라운데 그는 〈슈퍼스타K〉에 출연했을 정도로 노래도 잘하고, 자작곡을 만들 수 있는 재능이 있었으며, 맨해튼에서 스타트업 마케팅 업무를 경험했고, 저축

은행 채권 유동화 프로젝트를 진행했던 이력도 있었다.

　그만큼 대부분의 밀레니얼 세대는 눈에 보이는 스펙도 높지만, 그 스펙을 만들기 위해 쌓아 온 보이지 않는 경험과 역량도 갖추고 있다. 이들은 늘 배우고 성장하는 코스를 밟아 왔다. 회사에 취직한 이후에도 배움은 계속된다. 덕분에 성인 직무교육 시장은 고비용에도 불구하고 성장세다. 대표적인 직무교육 기업 패스트캠퍼스의 2018년 매출은 200억을 넘어서기도 했다. 밀레니얼 세대는 자신을 성장시킬 수만 있다면 비용과 시간을 아끼지 않는 것이다.

　독서 모임 트레바리가 유료 회원만 5,000명을 넘겼다는 사실도 이를 뒷받침한다. '취향관', '문토' 등 취향이 맞는 사람끼리 모이는 소셜 살롱도 계속 확장 중이다. 이처럼 끊임없이 배우려는 밀레니얼 세대가 왜 회사에서는 선배들의 조언을 싫어하는 것일까? 독서 모임과 소셜 살롱에는 없고, 회사에는 있는 것 때문일 것이다. 그것은 바로 선배의 권력이다.

　밀레니얼 세대들이 꼰대식 조언이라 칭하는 것들은 대부분 과거를 근거로 현재의 결론을 내는 식이다. "과거에 그랬으니까, 지금도 그렇게 해"와 같은 논리는 이제 통하지 않는다. 심지어 조언과 함께 덧붙여지는 책망은 피드백을 간섭으로 바꾸기도 한다.

"거봐, 내가 진작에 그렇게 하라고 했잖아. 내 말 안 들으니까 이렇게 되는 거 아니야."
"그렇게 하는 게 아니라니까 그러네. 네 마음대로 할 거면, 책임도 네가 질 거야?"

이들에게 하는 조언이 효과를 발휘하려면, 결정을 존중하는 장치가 병행되어야 한다. 선배의 조언을 듣고도 "틀렸다"고 말할 수 있는 분위기와 "싫다"고 거절할 수 있는 권한이 함께 주어졌을 때 비로소 참견이 아닌 피드백이 될 수 있는 것이다.

02

"검토 부탁드립니다"의 속마음

온라인에서 '넵 병'이 화제가 된 적이 있다. "네"라고 답변하면 너무 딱딱해 보이고, "넹"이라고 답하면 너무 장난스러워 보여서, 결국 "넵"을 반복하게 됐다는 것이다. 상사의지시에 늘 대답해야 하는 입장에서 그 분위기를 해치지 말아야 하는 부하 직원들의 심리가 담겨 있는 슬픈 우스갯소리다. 더 나아가 이런 얘기도 있다.

"네?"(무슨 말도 안 되는 소리야?)

"네…."(그래 알겠어)

"넹."(일단 대답은 하지만 이따가 할 거야)

"넵!!"(그래 이건 지금 해줄게)

"앗 네!"(내가 실수했네!)

이러한 일련의 농담들이 디지털 플랫폼 안에서 확대되는 건 많은 사람이 공감한다는 뜻이다. 또한 지시보다는 대답을 해야 하는 밀레니얼 세대의 커뮤니케이션 특징으로도 볼 수 있다. 밀레니얼 세대의 일상 멘트에 숨겨져 있는 메시지를 알 수 있다면 좀 더 그들을 이해할 수 있다는 의미다.

"검토 부탁드립니다." 보고를 할 때 늘 따라붙는 말이다. 하지만 이 뻔한 말에도 밀레니얼 세대의 속마음은 감춰져 있다. 이 말의 진짜 의미는 '(지금 당장) 검토 부탁드립니다'이다. 늘 시간을 효율적으로 쓰고 싶어 하는 밀레니얼 세대에게 언제 답이 올지 모르는 예측 불가의 상태는 결코 반갑지 않다.

주의를 기울이면 이 같은 예시는 그들의 일상적인 답변 곳곳에서 발견된다. 예를 들면 "확인 부탁드립니다"와 같은 문장은 책임감으로부터 비롯된 답변이다. 늘 반복하는 말 같지만, 이 안에는 결정권자인 당신이 메일을 읽었는지 체크해 달라는 뜻과 더불어 '나는 내 일을 마쳤다'는 책임의 선 긋기와 같은 의중도 담겨 있다.

단순 메일과 답변만이 아니다. 밀레니얼 세대와 소통하면서 놀란 점은 이들은 즉각적인 소통과 확인 절차를 원한다는 것이다. 대학내일 페이스북은 구독자가 56만 명이 넘는다. 그래서 하루에도 수십 개의 페이스북 메시지가 오고 간다. 문제는 대학내일 페이스북 관리자가 한 명이 아니라는 것이다. 메시지는 수십 개씩 쌓이지만, 각 질문별 담당자가 달라 보통 하루치의 문의나 건의를 모아 다음 날 답변한다. 그래서 가끔은 이런 항의를 받기도 한다. "왜 메시지 읽었으면서 답장을 안 하나요? 페이스북 관리자가 이렇게 일해도 되나요? 본사에 컴플레인 하겠습니다." 이들은 페이스북 메시지(페메)가 카카오톡보다 익숙한 세대다. 당연히 관리자가 한 명일 것이라 생각해 메시지를 읽었다는 표시를 보고 일부러 답장을 안 하는 거라고 오해한 것이다.

페이스북만이 아니다. 에세이나 문의 메일을 보낸 대학생들도 '수신확인'을 해보니 읽었다고 뜨는데 왜 답장을 안 하느냐고 항의하기도 했다. 즉각적인 피드백을 원하고, 기다리는 시간을 견디지 못해 확인을 요청하는 것이 밀레니얼 세대다. 이들에게는 즉각적으로 문의함과 동시에 빠른 답변을 받을 수 있는 시스템이 필요한 것이다.

03

전화 통화가 두려운 콜포비아

"안녕하세요. 얼마 전에 인터넷 서비스를 신청했는데요. 이게 좀 문제가 있는데. 네, 그러니까 뭐라고 하지 그 선이 고장난 것…."

"안녕하세요. 지금 몇 가지 물어봐도 되나요? 아 맞다. 마케팅팀 ○○○입니다. 다름이 아니라 문의가 있어서 전화드렸는데요. 잠깐 통화 괜찮으신 거죠…?"

문자로는 쉬운데 전화로는 설명이 어려운 '콜포비아call phobia 현상'이다. 문자메시지에 익숙한 밀레니얼 세대에서 주로 발견되는데, 평상시 잘 알고 있던 내용도 전화로 하면 당황해서 설명을 못 한다. 심지어 이들은 필수적으로 전화를 할 수밖에 없는 순간이 오면 시나리오까지 준비한다.

전화 통화는 3분이지만, 3분 통화를 위한 준비에 30분을 쏟는 것이다.

반면에 이들에게 편한 것은 문자다. 디지털 환경이 발전하면서 불필요한 전화 통화 대신 모든 것을 짧은 문자와 버튼으로 해결해 왔기 때문이다. 음식을 주문할 때도 전화 대신 배달 앱을 이용하고, 팀플 때도 굳이 만나기보단 카카오톡 같은 메신저로 회의하는 것을 더 선호한다. 이들에 맞춰 은행들도 비대면 계좌 개설 상품을 출시하고, 기업들은 대표 전화를 대신하는 '카카오톡 챗봇'을 준비하는 등 콜포비아 현상이 사회적으로 점점 확산되고 있음을 알 수 있다.

콜포비아 현상은 직장 생활에서도 발생하는데, 2016년 잡코리아에서 직장인 1,042명을 대상으로 '직장 생활에서 가장 두려운 순간'을 물은 설문조사에 따르면 39.4%에 달하는 응답자가 '전화벨이 울리는 순간'이라고 답했다고 한다. 업무 지시조차 메신저가 낫다는 것이다. 이들은 전화가 오면 끊어지길 기다렸다가 다시 문자로 연락하기도 한다. 전화 통화가 익숙한 기성세대의 눈으로는 이런 양상을 이해하기가 어렵다.

이러한 현상은 실제 연구조사에서도 나타나고 있다. 70

업무 관련 가장 합리적인 의사소통 방식 TOP 3

[Base: 전체, 1순위 응답]

구분	90년대생(n=200)	80년대생(n=200)	70년대생(n=200)
1위	1:1 대면 대화	1:1 대면 대화	1:1 대면 대화
	34.0%	35.0%	35.5%
2위	일반 메신저	다수참여 회의	전화 통화
	16.5%	16.5%	17.5%
3위	업무 전용 메신저	업무 전용 메신저	다수참여 회의
	13.5%	14.0%	16.0%

조사 대상 : 1970년생 ~ 1999년생 남녀 600명
조사 기간 : 2019년 3월 5일 ~ 8일
☯ 대학내일20대연구소

년대생, 80년대생, 90년대생 각각에게 '업무 진행 시 가장 합리적인 의사소통 방식'을 조사했더니, 70년대생은 전화 통화(17.5%)와 다수참여 회의(16.0%)를 선호한 반면, 80년 대생은 다수참여 회의(16.5%)와 업무 전용 메신저(14.0%)를, 90년대생은 일반 메신저(16.5%)와 업무 전용 메신저(13.5%) 를 선호한다고 답한 것이다. 밀레니얼 세대와 가까워질수 록 전화보다는 비대면 메신저가 더 편하다고 느낀다는 것 을 알 수 있다.

　일대일 면담에서 심층적인 고민을 털어놓지 않는 데도 대면 대화가 어렵다는 점이 작용한다. 아이디어를 물었을

때 문서로는 논리정연하게 정리해서 보고하던 직원이, 정작 자리로 호출해서 물어보면 아무 대답을 못 하는 것도 이 때문이다.

만약 부하 직원에게 "마케팅팀 가서 프로젝트 취소된 이유 설명하고, 양해 좀 구하고 와요" 같은 지시를 내린다면 그가 당황한 채 어쩔 줄 몰라 하는 표정을 보게 될지 모른다. 문제를 해결하는 과정에 밀레니얼 세대인 직원이 누군가를 대면해 설명해야 하는 과정이 포함돼 있다면, 그 프로젝트는 기성세대가 생각하는 방향으로 흘러가지 않을 수 있다는 이야기다.

앞으로 기업에서는 이러한 콜포비아 현상에 대한 세심한 가이드가 필요해질 것이다. 전화 통화 방법까지 가르쳐야 되느냐고 머리를 흔들 일이 아니라, 이들에게 전화 통화나 대면 상황이 어렵다는 것을 이해해 줘야 한다. 이들은 실제로 전화 통화할 일이 많지 않은 환경에서 성장해 왔기 때문이다.

웃는 얼굴로 퇴사하진 못해

"대표님, 저 퇴사해서 공방 차리는 게 꿈이에요."

엘리베이터에서 대학내일 김영훈 대표를 만난 한 직원이 건넨 말이다. 직원이 회사 대표에게 이런 멘트를 당당하게 던지는 게 놀랍지 않은 시대다. 모든 직장인의 꿈이 퇴사라는 말처럼 퇴사는 유행을 넘어 열풍이 됐다. 과거에는 퇴사가 곧 생계의 위협으로 이어졌기 때문에, 이는 곧 우울함과 슬픔을 동반하는 단어였다. 하지만 지금의 퇴사는 오히려 즐거운 일에 가깝다.

밀레니얼 세대들은 퇴사 확정 시에 쓸 짤 하나씩을 저장해 두고 있고, 『나는 매일 퇴사를 결심한다』, 『두 번째 퇴사』, 『퇴사하겠습니다』, 『퇴사하고 여행 갑니다』 등 퇴사를 주제로 한 책들이 쏟아져 나오고 있다. 심지어 퇴사 D-30부터 브이로그를 찍어 유튜브에 올리는 사람도 등장했을 정도다. 밀레니얼 세대에게 퇴사는 주변 사람들이 한 번쯤 겪는 사건으로 인식되어 가고 있는 것이다.

하지만 관계가 어려운 밀레니얼 세대로서는 퇴사 과정을 감당하는 것이 그리 쉬운 일이 아니다. 그들은 내가 회사와의 계약을 위반하는 것은 아닌지, 회사가 사직서를 처리해 주는 게 늦어지진 않을지, 퇴사 이후 불이익이 오는 것이 아닌지 두렵다. 이 때문에 일본에서는 퇴직대행 서비스가 성행하기까지 한다.

퇴직대행 업체는 의뢰인을 대신해 회사에 퇴직 신고를 하고, 의료보험이나 퇴직 증명 등의 서류를 회사로부터 받아 의뢰인에게 전달해 주는 서비스를 제공한다. 회사에서 쓰던 물품은 택배로 전달해 준다. 비용은 약 50만 원. 다소 높은 비용에도, 관계가 불편한 일본의 직장인들에게는 인기라고 한다. 심지어 퇴직대행 회사 A에 다니던 직원이 경쟁업체 B에 퇴직대행 서비스를 신청했다는 사실이 화제가 되기도 했다.

퇴직대행 서비스 회사의 주요 고객은 사표를 내도 회사

가 받아 주지 않는 등 퇴직 과정에서 회사와 갈등을 겪을 것을 걱정하는 2, 30대이다. 퇴직대행 업체는 지난여름부터 늘어나 현재 30곳이 넘는다고 한다. 이러한 서비스가 인기를 끄는 데는 최근 일본 사회에서 블랙기업(비합리적인 노동을 의도적으로 강요하는 기업)과 파워하라(직장에서 상사가 부하를 괴롭히는 것) 문제가 부각되고 있는 것이 영향을 미쳤다는 분석이 나온다. 차마 그만두지 못하고 원치 않는 직장을 다니던 젊은 층에게 이런 서비스가 먹혀들면서 새 출발을 돕고 있다는 것이다.

우리나라도 예외는 아니다. 이미 퇴직대행 서비스 업체가 생겼다. 지난 2018년에 생긴 '사직서'는 원만한 퇴직 과정을 위해 직접 인사 담당자와 통화해서 퇴직 업무를 조율하고, 퇴직 관련 서류 제출과 사직 수리를 확인하며, 이후 임금 체불 진정서까지 제출하는 서비스를 제공하고 있다.

퇴직대행 서비스가 점차 늘어나는 것도 밀레니얼 세대가 겪는 관계의 어려움에서 출발했다. 이들은 아르바이트를 하면서 종종 "오늘 추노했다"는 표현을 쓰는데, 이는 아르바이트를 하다 말고 말없이 도망치는 것을 의미한다. 예상했던 것보다 아르바이트가 너무 힘들 때 이들은 '추노'를 선택하는데, 반나절 일한 급여도 받지 않고 도망치는 이유는 "반나절 만에 그만두겠다"라고 말하기가 너무 어렵기 때문이다. 계산을 정확하게 하는 이들로서는, '말없이 도망치는 행위로 인해 발생한 손해를 반나절 일한 급여로 갚겠다'는 의미일지도 모른다.

불편한 커뮤니케이션 상황으로부터 도망치고 싶어 하는 밀레니얼 세대에게 필요한 것은 가이드다. 어떻게 말을 꺼내야 할지, 적절한 거절의 표현은 무엇인지, 현장에서 즉각적으로 결정할 수 없을 때 어떻게 말해야 하는지 등 업무 중 발생할 수 있는 다양한 커뮤니케이션 상황에 대한 대처 가이드는 전화 통화나 대면 대화에 대한 공포심을 줄이는 효과적인 해결책이 될 것이다. 대화 경험이 쌓이고 점차 익숙해지면 이들의 커뮤니케이션 역량은 성장하게 될 것이다.

05

거침없이 외주를 주는 밀레니얼 세대

20대가 부모로부터 가장 많이 듣는 잔소리는 무엇일까? 취업? 결혼? 대학내일 20대연구소가 2018년 11월 7일~11일 동안 20~29세 남녀 500명을 대상으로 조사한 결과에 따르면 가장 자주 듣는 잔소리 1위는 "방 좀 치워라"인 것으로 나타났다. 기성세대가 유달리 청소를 잘하고, 밀레니얼 세대가 유독 더 지저분한 것일까? 시간이 지날수록 청소 기술이 느는 게 아니라면, 이런 결과는 청소에 대한 가치관의 차이로 봐야 한다.

이와 관련된 또 하나의 재미있는 기사가 있는데, 바로 청소대행 서비스를 이용하는 2030 사용자가 증가하고 있다는 기사였다. 한 청소대행 서비스는 올해 들어 20대의 서비스 이용률이 50%를 넘어섰다고 한다. 위의 두 가지 사실을 통해 짐작해 볼 수 있는 것은 적어도 밀레니얼 세대는 '청소를 주도적으로 하지 않는다'는 것이다.

2011년 대학내일에서도 비슷한 일이 있었다. 이전까지만 해도 대학내일은 구성원들이 스스로 청소를 했다. 직원마다 청소 담당 구역이 있었고, 일정 기간마다 대청소를 하는 날도 있었다. 그러던 중 한 신입사원이 이에 대해 불만을 제기했다.

"저는 일하러 들어온 거잖아요. 제가 잘하는 건 청소가 아니라 일이에요. 청소는 전문 업체에게 맡기는 게 더 효율적이지 않나요?"

틀린 말이 아니었다. 청소에 참여하는 대학내일 직원들의 급여를 시급으로 따지면 전문 업체에 맡기는 비용보다 훨씬 더 높았던 것이다. 그때부터 대학내일 직원들이 직접 청소를 하지 않고, 전문 청소업체와 계약을 하게 됐다.

이처럼 밀레니얼 세대는 자신이 못하는 일에 대해 외주를 주거나, 비용을 지출하는 것을 주저하지 않는다. 이들은 관행적으로 해오던 비효율적인 일을 잘 견디지 못한다. 회사의 비용을 낭비하려는 것도 아니고, 게을러서 그런 것도 아니다. 오히려 더 예민하고, 꼼꼼하기 때문에 자신의 입장에서 더 합리적이고 효율적인 방법을 찾는 것이다. 그러므로 이를 둘러싼 갈등이 생길 경우 무조건 '태도의 문제'로 치부하고 더 노력하라고 강요해선 안 된다. 밀레니얼 세대가 제시하는 더 나은 방법을 듣고 현재의 기준으로 다시 결정해야 하는 시대인 셈이다.

근무시간 중 생산성 문제가 대표적인 사례다. 앞으로 주 52시간 근무제 안에서 우리는 점차 정해진 시간을 어떻게 보다 효율적으로 쓸 수 있는가에 대한 고민을 계속하게 될 것이다. 주 52시간 근무제 시행 후, 2019년 7월 11일~12일 이틀간 19~34세 대기업 종사자 600명에게 '본인의 업무 효율성이 높아졌다고 생각하는지'를 물은 결과 3분의 1(31.0%)은 "그렇다"고 답했다는 연구 결과도 있다.

시간을 효율적으로 쓰는 방법은 밀레니얼 세대가 잘 알고 있다. 그러니 계속 물으면 된다. 조직이 어떤 문제를 해결해 주면 더 일에 집중할 수 있느냐고 말이다.

06

미래가 아닌 현재에 집중해야 하는 이유

보험연구원이 지난 8월 발표한 '밀레니얼 세대의 보험 가입' 보고서에 따르면, 20대와 30대의 생명보험 가입률이 현저하게 떨어졌다고 한다. 10년 전인 2008년 20대와 30대의 생명보험 가입률은 73.6%와 86.7%였지만, 2018년 5월 25일~7월 21일 동안 2,440명을 대상으로 실시한 조사에 따르면 각각 63.8%와 77.3%로 10% 포인트 낮아졌다는 것이다. 왜 밀레니얼 세대에서 이러한 보험 패싱passing 현상이 일어나는 걸까?

이는 이전의 욜로YOLO, You Only Live Once 현상으로부터 이어진다. 미래보다는 현재에 더 충실하고, 효율적으로 삶을 채우기 위해서다. 그 말은 밀레니얼 세대를 만족시키려면 이들이 현재를 어떻게 살아가고 있는지, 또 어떤 점을 해결해 줄 수 있는지를 살피면 된다는 뜻이기도 하다.

밀레니얼의 현재는 어떠한가? 이들에게 중요한 것 중 하나는 시간이다. 1인 가구 비중이 높은 밀레니얼 세대에게는 식사를 준비하는 것도, 빨래를 하는 것도 시간이 드는 일이다. 푸드 배달 서비스가 연이어 출시되고 치열하게 경쟁하는 이유도 이 시장이 끊임없이 커져 나가고 있기 때문이다. 모바일로 예약한 후 밤 12시 이전까지만 빨래를 집 앞에 내놓으면 24시간 안에 수거하고 다시 배달까지 해주는 '런드리고'나 수거 시간까지 예약할 수 있는 '세탁특공대' 같은 서비스는 밀레니얼 세대의 시간을 줄여 주는 데 일조한다.

워라밸이 없이 회사에 다니는 직장인들은 평일에 집안일을 할 엄두를 내지 못한다. 주말에야 겨우 여유가 생기는데, 당연히 이 소중한 시간을 집안일로만 쓰고 싶지 않다. 밀레니얼 세대에게 이런 서비스가 인기 있는 이유는 바로 시간 때문이다. 기성세대들이 "요즘 애들은 돈 없다면서 왜 빨래를 직접 안 해?"와 같은 공감할 수 없는 대화를 이끄는 것은 이들의 삶을 제대로 모르기 때문이다. 밀레니얼 세대와 소통하기 위해서는 이들의 현재를 반드시 알아야만 한다.

최근 여러 기업에서 도입하고 있는 '반반차' 제도는 밀레니얼 세대의 현재에 주목한 대표적인 해결책이다. 실제로 밀레니얼 세대에게 필요한 건 반차보다 반반차에 해당하는 1~2시간의 자유이기 때문이다. 컨디션을 회복할 수 있는 한두 시간의 늦잠이나 관공서나 은행 방문, 병원 진료 등의 간단한 개인적인 일들은 4시간까지는 필요 없는 일이 대다수다. 그럴 때마다 반차를 쓰기는 아까우니 반반차라는 더 합리적인 제도를 찾게 되는 것이다.

만약 좋은 인재를 보상으로써 잡아야 하는 상황이라면, 특히나 더 이들의 현재에 관심을 두어야 한다. '평생 직업은 찾았지만, 평생직장은 없다'는 말이 공공연하게 돌고 있다. 이 말의 의미는 언제든 기업을 옮겨 다닐 수 있고, 그렇게 해야만 하는 상황이라는 것이다. 미래가 아닌 현재를 가장 잘 보상해 주는 직장을 찾아 좋은 인재들이 이직을 결심하는 것도 이 때문이다. 대기업에 입사한 신입사원들은 더 이상 임원 자리를 욕심내지 않는다고 한다. 그저 현재의 워라밸이 잘 지켜지기를 원할 뿐이다.

워라밸이라는 용어에는 현재에 더 집중하겠다는 밀레니얼 세대의 바람이 담겨 있다. 이들에게는 미래의 큰 보상보다 당장 오늘의 여유가 더 중요하기에, 필요한 만큼의 휴식을 라이프라는 용어로 포장한 셈이다. 따라서 앞으로 워라밸의 기준치는 밀레니얼 세대가 지금 가장 원하는 욕구와 함께 움직일 거라고 그 방향을 예측할 수 있는 것이다.

대학내일은 현재 30분 단위로 휴가를 자유롭게 사용하게끔 제도를 운영하고 있다. 이 때문에 직원들은 아침 출근 시간을 자유롭게 조정해 복잡한 대중교통에 시달리는 대신 여유로움을 만끽할 수 있고, 점심을 허겁지겁 먹지 않아도 된다. 조금 더 일찍 퇴근하는 날은 운동이나 학원 수강 등 자기계발에 더 집중할 수 있게 되는 것이다.

회사에 대한 직원들의 만족도를 높이는 방법은 높은 연봉이나 비싼 복지시설만이 아니다. 그들의 현재를 좀 더 효율적으로 쓰게 해주는 것만으로도 더 높은 만족감을 가지게 할 수 있다.

07

밀레니얼 세대의 판단력을 믿는다

주 52시간 근무제가 시행되면서 노동 환경이 빠르게 변화하고 있다. 최대 52시간을 넘길 수 없기 때문에 기업별로 선택적 근로시간제, 자유출퇴근제, 시차출퇴근제 등 다양한 유연근무제를 도입해 직원들의 근무시간을 관리하려고 노력하고 있다. 어떤 제도가 가장 효율적인지는 아직 속단하기 이르지만, 어쨌든 이 같은 제도로 인해 총 노동시간이 줄어들었다는 평가가 주를 이룬다. 하지만 문제는 기업이다. 근태 관리의 어려움을 호소하고 있으며, 근무의 자율성이 확대될수록 생산성은 떨어질 거라고 주장한다.

대학내일은 2019년까지는 주 52시간 근무제 의무적용 대상 기업이 아니다. 300명 미만 사업장이므로 2020년 1월 1일부터 주 52시간 근무제를 시행하면 되지만, 어차피 시행

해야 하는 기준을 굳이 기다렸다가 적용할 필요가 없다는 판단하에 주 40시간 근무, 최대 52시간을 넘지 않도록 근로 제도에 대한 실험을 해왔다.

우리가 택한 방식은 근무자가 얼마를 일하든 초과한 근무시간 이상을 보상한다는 것이다. 근무시간을 초과해 야근한 사람은 그에 합당한 보상을 휴가로 받고 있고, 이를 연중, 원할 때 자유롭게 사용할 수 있다. 그리고 초과 근무와 보상된 휴가에 대해서는 리더의 관리를 최소화하고, 개인 스스로 판단한다는 것을 주요 원칙으로 삼았다. 당연히 우려의 목소리가 적지 않았다. 어떤 직원이 3시간을 성실하게 초과 근무했는지 어떻게 파악할 것이며, 자유로운 휴가 사용으로 인해 생산성이 떨어지는 문제는 어떻게 해결할 것인지 걱정하는 목소리도 있었다.

하지만 실제로 1년 이상 테스트해 본 결과 생산성의 위기는 발견되지 않았다. 대학내일 구성원들은 필요한 시간에 필요한 만큼 일을 했고, 초과한 근무시간에 합당한 만큼 보상받았다. 야근을 많이 하는 곳이 좋은 직장은 아니겠지만, 일을 덜 하는 것도 최고의 선택은 아니다. 업무의 양과 난이도는 시시각각 달라지기에, 그 최선의 선택을 일정한 기준, 52시간에 맞추는 것도 정답은 아닐 것이다.

이 과정에서 대학내일이 믿는 것은 구성원의 판단력이다. 구성원들이 업무에 피해가 가지 않을 정도로 출근 시간을 조정하고, 또 필요한 시점에 쉰다는 판단을 스스로 할 수 있다고 믿는다. 가장 효율적인 근무의 방식은 누군가 통제하기보다는 자신이 알아서 판단하는 것이기 때문이다.

스스로 가장 잘할 수 있는 영역이 있다면, 그 판단을 믿고 결정권을 주는 것. 밀레니얼 세대와 일하면서 성과를 내는 가장 핵심적인 방법이다.

08

그들이 잘하는 건 그들에게 맡긴다

아르바이트 중계 플랫폼으로 유명한 두 개의 브랜드가 있다. 그중 A업체는 오디션 프로그램에서 우승을 차지한 아이돌을 모델로, 다른 B업체는 힙합 가수를 모델로 채용해서 TV 광고를 했다. 두 광고 모두 시장에서 반응이 좋았다. 경쟁업체답게 유튜브 조회 수도 둘 다 700만 회 정도로 비슷했다.(2019년 9월 기준) 하지만 A업체의 영상에는 댓글이 100여 개, B업체의 영상에는 댓글이 4,000개가 달려 있었다. 이 차이는 어디에서 오는 걸까?

실제로 밀레니얼 세대에게 어떤 광고가 더 좋으냐고 물어 보면 대부분 B업체의 광고를 선택한다. 참고로 A업체의 광고 카피는 '정해진 시간에 딱, 정해진 일을 딱', B업체의 광고 카피는 '알바를 리스펙Respect'이다.

'이렇게 해야 한다'고 가이드를 내려 주는 것과 '알바가 제일 잘해. 리스펙'이라고 존중해 주는 것에서 오는 차이다. 그리고 이는 밀레니얼 세대와 성과를 만드는 과정에서 굉장히 핵심적이고 중요한 의미를 가진다. 밀레니얼 세대 스스로가 잘할 수 있는 일에는 관리 대신 신뢰가 더 필요하다는 것이다.

대학내일이 캠퍼스 매거진으로 자리 잡게 된 것도 이 같은 신뢰가 있었기에 가능했다. 60여 명의 학생 리포터를 선발하고 이들에게 기획을 맡긴 것은 '20대의 이야기를 만드는 건 20대가 더 잘할 것'이라고 믿었기 때문이다. 이러한 신뢰는 바로 성과로 이어졌다. 대학내일 학생 리포터가 만든 기사들은 또래 대학생들에게 인기를 끌었고, 덕분에 20년 전 유행했던 수많은 캠퍼스 매거진들 가운데 대학내일만이 유일하게 살아남았다.

누군가의 통제가 불편한 것은 사람의 본능이다. 자신의 역량이 더 뛰어남에도 불구하고, 역량이 낮다고 생각되는 사람의 관리를 받으면 성과는 더 떨어지고 만다. 밀레니얼 세대와 함께 일하는 기업에서는 이 과정을 시스템으로 풀어야 한다. 밀레니얼 세대가 잘하는 범위 안에서는 그들의 의견을 반영하고, 전폭적으로 밀어 주는 역할을 수행해야 하는 것이다.

세계적인 브랜드 구찌가 위기를 극복한 비결에도 비슷한 맥락의 비밀이 숨어 있다. 구찌는 2012년부터 3년간 매출이 정체되고 '중년 브랜드'라는 이미지까지 생겨나 어려움을 겪고 있었다. 이에 구찌는 35세 이하 직원들로 구성된 '그림자위원회'를 만들어 경영진에게 다양한 의견을 직접 전달하게 했다. 임원회의가 끝난 후 CEO가 같은 주제를 가지고 신입사원들과 다시 회의를 하며 의사결정 전 새로운 관점을 전달받은 것이다. 그 결과 구찌는 젊은 이미지로 탈바꿈했고, 30대 이하 소비자가 주 고객이 되었다.

수직적인 기업에서는 이러한 시스템을 받아들이기 어려울 수도 있다. 하지만 밀레니얼 세대가 잘하는 일이라면 그들에게 권한과 책임을 주고 맡겨 보는 실험이 필요하다. 이는 자연스럽게 일에 대한 동기 부여로 이어질 것이고, 그 과정에서 보다 효과적인 의사결정 시스템을 발견하게 될지도 모르기 때문이다.

09

소통의 비밀 : 위의 결정을 따르지 않는다

"어떤 표지 모델이 좋으세요?"

2019년 4월 1일자 매거진의 만우절 기념 표지를 준비하던 때였다. 만우절이니 복고풍으로 하자는 의견이 나왔고, 두 가지 복고 콘셉트로 촬영을 마쳤다. 복고풍 콘셉트에 대한 이견은 없었지만 촬영된 A안과 B안에 대한 의견이 갈렸다. 우리는 팀장회의 방에서 의견을 물어보기로 했다.

"다음 주 만우절 특집호 표지입니다. A안과 B안 중 어떤 게 더 좋으세요?"

표지 후보를 올리자마자 팀장들은 각각 자신이 좋아하는 표지를 골랐고, 나름대로 이유를 설명하기 시작했다. 그러던 중 한 팀장이 의문을 제시했다. "그런 결정은 콘텐츠팀에서 해주셨으면 좋겠습니다. 대부분 밀레니얼 세대가 아닌 이 방에서 묻는 게 의미가 있나요?" 밀레니얼이 잘하는 건 밀레니얼에게 맡긴다는 관점에서 나온 의미 있는 한마디였다.

하지만 여기에는 사실 숨겨진 비밀이 있다. 팀장들에게 표지 의견을 물은 것은 그들이 많이 고른 시안을 버리고, 나머지 시안을 내기로 했기 때문이었다. 대학내일 콘텐츠는 때론 이런 요령도 쓴다. 밀레니얼 세대를 잘 모르는 사람들의 선택을 피하는 것.

비슷한 사례는 또 있다. 대학내일에서 출판사 '자그마치북스'를 만들 때였다. 작은 출판사지만 2030을 타깃으로 하는 도서를 만든다는 성격이 명확했고, 그래서 출판사 이름을 정할 때도 2030의 의견을 더 중요하게 들었다. 최종적으로는 경영진들이 다수 선택한 이름을 제외하고 골랐다. 경영진의 나이는 대부분 40대이니, 이들에게 좋은 이름은 밀레니얼 세대에게 좋지 않을 거라 판단했기 때문이다.

이것은 경력을 무시하는 것이 아니다. 세대별로 취향과 언어가 다름을 인정하고 좀 더 공감을 얻을 수 있는 답을 찾는 방법 중 하나이다. 밀레니얼 세대에게 어필해야 하는 상품이나 서비스가 있다면, 이를 완성시키는 네이밍이나 커뮤니케이션 언어는 밀레니얼에게 맡기는 것이 전략이 될 수 있다는 이야기다.

10

"믿을게요. 알아서 잘해 주세요"

봉준호 감독의 영화 〈기생충〉은 상영 전부터 화제를 모았다. 특히 칸 영화제에서 황금종려상을 받은 이후로는 제작 과정, 포스터, 인터뷰 모든 것이 관심의 대상이 됐다. 그중 포스터에서 주연 배우들의 눈을 가린 것이 여러 해석을 낳았다. 한 영화 평론가는 "흰색 띠로 가린 것은 상류층을, 검은색 띠로 가린 것은 하류층을 의미한다"고 설명하며, 눈을 가린 것은 "관객에게 당신은 어느 쪽이냐며 묻는 행위"라고 분석하기도 했다.

하지만 정작 봉준호 감독은 인터뷰에서 이렇게 설명했다. "나는 눈을 왜 가렸는지 모른다. 디자이너인 김상만 감독님이 시나리오를 다 읽어 보고, 촬영 현장에도 몇 번 다녀가시고서 그렇게 디자인하신 거다." 전문가가 충분히 기획

의도와 디테일을 이해했다면, 믿고 맡긴다는 이야기다.

밀레니얼 세대에게 신뢰를 주는 방법도 비슷한 접근이 필요하다. 대부분의 판단에는 객관적인 근거를 들 수 있겠지만 경험으로부터 오는 직감은 설명하기 어려울 때가 많다. 이를 보고서나 문서로 정리하게끔 하면 논리적인 설명이 되지 않아 아예 포기하게 되는 일이 발생하곤 한다. 특히 아이디어를 낼 때 그렇다.

때로 '기획이 성공할 것 같은 이유'를 찾아내는 것은 '성공할 것 같은 기획'을 발견하는 것보다 더 어렵다. 그럴 때는 이유를 찾기보다 신뢰를 주고 책임을 덜어 주는 것이 필요하다. 기본 역량이 있고, 자신감과 의지를 보일 때는 아예 피드백을 하지 않는 게 좋은 전략이 될 수 있다는 이야기다.

이는 앞서 이야기했던 주인의식과도 연결돼 있다. 주인의식이 강하게 발현되길 원한다면 과정과 책임을 묻지 않는 과정이 필수적이기 때문이다. 예를 들어 아무도 지시하지 않아서 정리돼 있지 않았던 사무실 창고를 누군가가 주인의식을 발동해 혼자 정리했다고 가정해 보자. 이때 "왜 이렇게 정리했느냐"는 불평이 섞여 들어가면 아마 그 직원은 다시는 창고 정리를 하지 않을 것이다. 믿고 맡긴다는 말은 곧 수행하는 당사자에게 결정하고 책임을 묻는 권한까지도 맡긴다는 것을 의미한다.

대학내일 안에서 콘텐츠를 만들 때도 이러한 전략은 종종 쓰인다. 특히 기업의 광고 콘텐츠인 '브랜디드콘텐츠'를 만들 때 그렇다. 사실 기업의 광고 콘텐츠를 만든다는 것은 쉽지 않은 일이다. 흔히 말하는 B급 코드나 병맛 표현을 쓰면 기업의 컨펌 과정을 통과하지 못했고, 컨펌이 쉬운 브랜드의 홍보 메시지는 독자들의 반응을 이끌어 내지 못했다. 평소 대학내일이 만드는 콘텐츠의 반응은 폭발적인데, 브랜드만 섞이면 반응이 저조했다. 기획안이 엎어지는 일이 많았고, 힘들게 콘텐츠를 만들어도 광고라고 비난받는 일이 잦았다. 우리는 콘텐츠를 진짜 잘 만들 수 있음에도 그걸 가능케 하는 작업 환경이 부족했던 것이다.

해결책은 병원에서 발견했다. 환자가 자신의 증세를 문진표에 상세히 적어 낸 후 전문가인 의사의 말을 전적으로 신뢰하고 따르는 광경을 보고 이를 콘텐츠 제작 시스템에 적용해 본 것이다. '나의 증세를 충분히 말하게 하되, 치료법은 전문가에 맡긴다.' 이는 기업의 의도를 충분히 설명하게 하되, 제작은 콘텐츠를 잘 만드는 밀레니얼 에디터에게 맡기는 것으로 연결할 수 있었다.

　기업이 예시 콘텐츠가 분류되어 있는 카탈로그를 보고 원하는 스타일과 홍보 포인트, 드립 정도를 선택하면, 이를 바탕으로 에디터는 기획안을 만든다. 항상 문제가 됐던 것이 드립이나 병맛의 정도였는데, 사전에 선택하게 했더니 그 이후의 권한은 자연스럽게 에디터에게 넘어왔다. 이 사전질문지 시스템 덕분에 브랜디드콘텐츠도 독자들의 반응을 얻게 됐고, 에디터는 좀 더 자유롭게 기획할 수 있게 되었다. 이 시스템을 언어로 풀어낸다면 '이것만 지켜 주시고, 나머진 알아서 해주세요. 믿을게요'라는 문장이 되지 않을까.

　덕분에 대학내일 페이스북 페이지는 56만 명의 구독자를 보유하고 있고, 현재도 많은 기업으로부터 브랜디드콘텐츠 제작 요청이 끊이지 않고 있다. 지금까지 페이스북에서 만든 브랜디드콘텐츠만 지난 4년간 무려 2천 개가 넘는다. 이를 가능케 한 핵심에는 '믿고 맡긴다'는 신뢰가 있었다. 밀레니얼 세대를 움직이는 건 지시만이 아니다

11

팀장은 모든 분야의 전문가가 아니다

"노트북이 고장 났어요. 바꿔야 할 거 같은데요."

공대를 졸업했다는 이유로 오랜 시간 팀원들의 노트북을 고쳐 왔다. 재미있는 사실은 고장의 원인이 대부분 노후의 문제가 아니었다는 것이다. 백신을 여러 개 설치해서 시스템 충돌이 일어났거나, 잘못된 프로그램으로 인해 소프트웨어가 제대로 작동하지 않았거나, 혹은 업그레이드로 인한 단순 에러이거나 다른 문제로 인한 것이 많았다. 팀원들이 노트북 교체를 요구할 때마다 팀장으로서 거절해 왔던 것도 이 때문이다. 포맷만 해도 다시 예전 성능으로 돌아가는 경우가 많았기에, 노트북 교체에 대한 판단은 오롯이 팀장인 나의 권한인 것처럼 굳어져 왔다.

대학내일은 팀 하나하나가 마치 회사와 비슷한 구조를 취하고 있다. 팀별로 매출과 지출, 손익을 관리하기 때문에 노트북과 같은 고가의 장비를 자주 교체하기란 쉽지 않다. 영상 콘텐츠 제작을 위한 카메라, 마이크 등의 장비는 더 고가일 때가 많았다. 팀원들은 늘 좋은 장비가 있어야 업무 성과가 높아진다고 주장했지만, 리더로서 오랫동안 딱히 좋은 방안을 찾아내지는 못했다.

이 문제를 해결한 것은 아이러니하게도 리더가 아니라 팀원들이었다. 팀에서 기계나 장비에 이해도가 높은 사람들을 추려 장비관리 조직을 만들고, 이들에게 구매에 대한 결정 권한을 주었다. 대신 이들이 정확한 의사결정을 할 수 있도록 1년간 평균적으로 팀에서 소비하는 장비 구입비 내역과 해당 비용이 팀 전체 손익 중 차지하는 비율에 대한 데이터를 제공했다.

이 시스템이 운영되는 조건 중 가장 강력한 원칙은 장비 교체 시 리더의 의사를 절대 반영하지 않는다는 것이었다. 실제 콘텐츠를 만드는 사람들이 생각하는 적정 수준과 리더가 생각하는 적정 수준이 다를 수 있기 때문이다.

1년간 이 시스템을 운영한 결과는 어땠을까? 무려 25%

의 비용이 절감되었다. 더 저렴한 장비를 구매한 것이 아니라, 대여나 소모로 지출되던 항목들을 분석해 구매로 전환해 비용을 절감했던 것이다. 리더로서 그간 지출을 꼼꼼하게 보아 왔지만, 이런 대안까지는 생각하지 못했다. 어쨌든 덕분에 팀은 지출을 절감할 수 있었고, 더 이상 팀원들은 장비 교체 문제로 리더인 나를 인색하다고 비난하지 않게 되었다.

책임과 권한을 부여하는 것은 이처럼 예측하지 못하는 결과를 만든다. 밀레니얼 세대가 아닌 사람들이 온전하게 밀레니얼 세대를 이해할 수 없듯이, 이들에게 권한과 책임을 부여했을 때 어떤 결과를 만들지 또한 아무도 예측할 수 없다. 밀레니얼 세대는 기성세대와 다른 사회를 경험하며 자랐다. 이 경험을 기반으로 한 판단과 실행력은 기성세대가 예측할 수도, 관리할 수도 없는 영역이다.

기성세대는 모든 분야의 전문가가 아니다. 잘 모르는 영역은 오히려 밀레니얼 세대에게 맡기는 것이 훨씬 더 나은 성과를 만들 가능성이 높다는 이야기다.

12

리더가 되기 싫은 이유

매년 12월 말쯤, 근처 술집이 대학내일 리더들로 붐비는 날이 있다. 바로 리더피드백 결과가 발표되는 날이다. 리더피드백은 구성원들이 리더에 대해 익명으로 평가하는 1년치의 성적표다. 상당수 리더들은 솔직하고도 적나라한 피드백에 상심하기도 하고, 혹은 내년의 고민거리를 안은 채 술잔을 기울이는 것이다.

이토록 리더피드백의 충격이 큰 이유는 직접적이고 상세한 항목들로 구성돼 있기 때문이다. 리더십/동기 부여, 업무 이해도/숙련도, 매니지먼트/직무, 매니지먼트/사업 운영, 매니지먼트/업무 분배, 매니지먼트/복지 장려, 커뮤니케이션/업무 소통, 커뮤니케이션/팀원과의 소통 등 총 8개 분야로 구성되어 있으며, 총 문항 수가 61개에 달한다.

각 문항에 대해 5점 척도로 평가가 이루어지며, 분야별로는 서술평가까지 받는다. 리더의 역량을 종합하여 A, B, C 등으로 나누는 게 아니라, 리더로서 해야 하는 모든 역할에 대해 세부적인 평가가 이루어지는 것이다. 이는 하나만 잘 해서는 좋은 평가를 받기 어렵다는 것을 의미한다.

그리고 가장 뼈아픈 문항도 있다. 바로 '나는 앞으로도 지금의 리더와 함께 일하고 싶은가?'라는 마지막 질문이다. 함께 일하고 싶지 않다는 결과표를 받는다면 분명 정신적인 타격이 클 테지만, 이 같은 적나라한 피드백 과정을 통해 리더들은 끊임없이 리더십에 대해 고민하고, 성찰할 수 있게 되는 셈이다.

구분	세부항목	매우 그렇다 (5)	그렇다 (4)	보통 이다 (3)	그렇지 않다 (2)	매우 그렇지 않다 (1)
리더십/ 동기 부여	나의 리더는 우리 팀의 비전과 목표를 세우고 이를 구성원들에게 명확히 제시한다.					
리더십/ 동기 부여	나의 리더는 고객과 시장의 요구에 부응할 수 있는 장기적인 관점을 제공한다.					
리더십/ 동기 부여	내가 조직의 성과를 달성할 수 있도록 근무 환경을 조성한다.					

구분	세부항목	매우 그렇다 (5)	그렇다 (4)	보통 이다 (3)	그렇지 않다 (2)	매우 그렇지 않다 (1)
리더십/ 동기 부여	내가 실패나 성공에 대한 피드백을 통해 자기 성찰을 하도록 한다.					
리더십/ 동기 부여	내가 자율적으로 자신의 역량을 발휘할 수 있도록 업무에 대한 적절한 권한과 책임을 위임한다.					
리더십/ 동기 부여	내가 무엇을, 언제, 어떻게, 왜 해야 하는지를 생각하게 한다.					
리더십/ 동기 부여	내가 목표를 제대로 달성했는지 확인하고 그 수행 과정을 구체적으로 피드백한다.					
리더십/ 동기 부여	나와 목표 달성을 위한 역할과 책임을 분담하고 목표를 함께 숙지하며 협력적으로 행동한다.					
업무 이해도/ 숙련도	나의 리더는 기존에 몰랐던 것이나 새로운 트렌드나 홍보 툴 등을 배우고 알고자 하는 의욕이 있다.					
업무 이해도/ 숙련도	나의 리더는 속한 팀의 주요 프로젝트 진행 상황 및 내용, 특이사항에 대해 충분히 이해하고 있다.					
업무 이해도/ 숙련도	나의 리더는 업무 이해도가 높아 팀원이 필요로 할 때 충분한 조언과 명확한 해결책을 제시해 준다.					
매니지먼트/ 콘텐츠 직무	나의 리더는 개별 에디터에게 정확하고 신뢰할 만한 피드백을 제시한다.					
매니지먼트/ 사업 운영	나의 리더는 초기 프로젝트 착수 시, 현실성을 고려해 예산을 편성하고 인력을 배치한다.					

구분	세부항목	매우 그렇다 (5)	그렇다 (4)	보통 이다 (3)	그렇지 않다 (2)	매우 그렇지 않다 (1)
매니지먼트/ 업무 분배	나의 리더는 내가 없어도 내가 하던 업무를 다른 팀원이 맡아 진행할 수 있도록 백업 시스템을 구축해 두고 있다.					
매니지먼트/ 업무 분배	나의 리더는 특정 팀원에게 과도한 업무가 몰리지 않도록 꾸준히 살피며 효과적으로 업무 배분을 하고 있다.					
매니지먼트/ 복지 장려	나의 리더는 팀원의 연차 사용 정도를 꾸준히 체크하며 정기적인 휴가 사용을 독려하고 있다.					
매니지먼트/ 복지 장려	나의 리더는 본인 스스로 복지제도(연차, 대체휴무 등)를 효과적으로 사용하고 있다.					
커뮤니케이션/ 팀원과의 소통	나의 리더는 팀원들의 업무 스트레스 및 컨디션을 체크하며 세심한 케어를 하고 있다.					
커뮤니케이션/ 팀원과의 소통	나의 리더는 리더로서의 자신의 역할과 수행 업무에 대해 팀원들이 인지할 수 있게끔 잘 설명한다.					
커뮤니케이션/ 팀원과의 소통	나의 리더는 대체로 보수적이고 수직적인 위계질서를 내세우지 않는다.					
커뮤니케이션/ 팀원과의 소통	나의 리더는 나와 상호 간 존중과 신뢰를 위해 윤리, 원리, 원칙을 준수한다.					

2018 대학내일 리더피드백 문항 예시

늘 우리는 새로운 세대를 후배로 받아들이게 된다. 교육 과정부터 취미, 가치관 등 모든 것이 다른 세대다. 이들의 시선으로 보면 선배들은 어쩌면 일을 잘 못하는 사람일 수도 혹은 나쁜 조직문화를 만드는 주범일 수도 있다. 그래서 이 간극을 줄이는 장치가 필요해진다.

2009년 대학내일도 첫 공채를 열었다. 이전까지는 잡지를 중심으로 영업을 잘하는 사람들로 구성되어 있던 조직이었지만, 기업들이 20대를 대상으로 하는 새로운 커뮤니케이션 방법을 원하면서 이에 맞는 솔루션을 낼 수 있는 새로운 세대를 받아들이게 된 것이다. 밀레니얼 세대가 대학내일에 합류하게 된 것도 이때부터다. 이들은 새로운 답을 찾아내는 데 익숙했다. 따라서 모든 이슈에 대한 자신만의 입장이 있었다. 회사의 시스템에도 문제 제기를 시작했고 선배, 리더들의 업무 방식에도 변화를 말하기 시작했다.

리더들을 익명으로 평가하는 제도가 등장한 것도 이때부터다. 최초의 방식은 종이에 수기로 리더들에 대한 평가를 써서 내는 투박한 형태였다. 세대 간의 괴리를 확인할 수 있는 기회였지만, 너무 솔직한 피드백에 충격을 받은 당시 리더 두 명이 "그만두고 싶다"는 입장을 표명하기도 했다. 필체 때문에 익명성이 보장되지 않는 문제를 보완하고자 리더 피드백은 온라인으로 옮겨졌고, 문항들은 해를 거듭하면서 더 꼼꼼해지고 있다.(2019년 리더피드백은 5개 영역의 역할, 6개 영역의 덕목 등 분야를 더욱 세분화하여 실시할 예정이다.)

대학내일의 리더피드백은 조금 불편한 장치다. 술을 찾을 수밖에 없을 정도로 적나라한 평가를 반길 사람이 누가 있겠는가. 하지만 리더피드백은 리더들을 견제하고, 성장시키는 중요한 시스템이다. 사람이 모두 완벽할 수는 없기에 리더가 자신의 리더십을 점검하고 강점은 더 단단하게, 약점은 고쳐 나가게 만드는 장치인 셈이다.

리더피드백과 대표이사 선임 투표는 맥락이 통하는 구석이 있다. 바로 리더를 좀 더 불편하게 만드는 장치라는 것이다. 전혀 가치관이 다른 세대들이 섞여 일할 때, 약간의 불편함은 조직 전체를 안정적으로 만드는 방법이 되기도 한다.

이런 시스템을 통해 대학내일 리더들은 끊임없이 성장하고 있다. 2018년 대학내일 리더들은 '앞으로도 지금의 리더와 계속 일하고 싶습니까?' 항목에서 4.03점을 받았다. 아직은 100점 만점에 80점 정도지만, 밀레니얼 세대와 함께 일하는 방법을 찾아가는 리더들의 시도는 지금 이 순간도 진행형이다.

"팀원들을 존중하고 이야기를 들으려고 노력합니다"

처음 리더피드백을 경험해 보신 소감이 어떠셨나요?

● 경력직으로 이직하기 전까지는 리더를 경험해 본 적이 없었습니다. '리더는 이래야 한다'고 알려 주는 사람도 없었고요. 당장 맡은 프로젝트만 신경 쓰다 보니 팀장으로서 역할을 제대로 하진 못했던 것 같아요.

그 말은 피드백 결과가 굉장히 안 좋았다는 뜻이겠네요.

● 처음에는 무엇이 문제인지를 굉장히 고민했었습니다. 나의 문제인지, 피드백을 남긴 팀원의 문제인지, 혹은 지금 상황의 문제인지, 모두의 문제인지 한 달 정도 고민했던 것 같아요. 제가 회사에서 일을 제대로 못했나 싶더라고요.

최근에는 리더피드백 점수가 굉장히 좋아지셨는데, 비결이 무엇인가요?

● 당시 여러 선배님들께 조언을 구했는데, 조언의 핵심은 "구성원들의 이야기를 끝까지 깊이 들어 보라"는 것이었어요. 그래서 3개월 정도 여러 이야기를 들었습니다. 함께하면서 부족했던 것은 무엇인지, 이유나 문제를 들어 보고자 노력했어요. 그 과정에서 프로젝트가 잘되어야 한다는 것에만 집중했지, 팀원들을 동료로서 존중하는 자세나 마음가짐이 부족했다는 걸 깨달았습니다. 그때부터 도와 달라는 말을 자주 하게 됐습니다. 저보다 나이가 어리더라도 존중하고 이야기를 들으려고 노력하면 상대방도 저를 존중하고 신뢰하게 될 거라고 믿게 됐습니다.

이런 피드백이 필요하다고 생각하나요?

● 다른 기업들과 달리 대학내일의 리더피드백은 성과에 직접적으로 영향을 주진 않습니다. 당사자에게 가는 불이익에 대한 부담감이 적기 때문에 말 그대로 솔직하게 얘기할 수 있는 기회를 준다고 생각해요. 살면서 정기적으로 솔직한 피드백을 받을 수 있는 기회가 적은데, 리더피드백 제도는 한 회사의 구성원으로서나 팀장의 역할을 넘어서 한 사람의 인간으로서 살아가는 데 굉장히 도움이 된다고 생각합니다.

13

대학내일에 보내는 편지

"청원합니다."

문재인 정부의 여러 소통 방법 중 가장 주목받은 것이 바로 '국민청원'이다. 청와대 홈페이지에 등록한 국민청원이 30일 이내에 20만 명 이상의 동의를 얻으면 청와대 관계자가 청원안에 대해 직접 정부의 입장을 설명하는 소통 제도다. 2017년 8월 17일 시작한 이래 만 2년 만에 벌써 답변 청원만 111건, 답변 대기 중인 청원이 9건일 정도로 높은 관심을 받고 있다.

주목할 만한 점은 청와대가 답변은 하지만 모든 것을 수용하고 시행하는 것은 아니라는 사실이다. 오히려 행정부의 권한으로 해결할 수 없는 청원이 대다수다. 그럼에도 불구하고 여전히 많은 청원이 올라오는 이유는 뭘까? 그것은 바로 행정부의 최고 기관이 답변한다는 점, 그리고 이로 인해 많은 언론이 관심을 가지기 때문일 것이다.

대학내일에도 이와 비슷한 제도가 있다. 바로 '대학내일에 보내는 편지'다. 직원들은 온라인 익명 시스템을 이용해 대표이사에게 직접 건의하거나 문의할 수 있다. 회사의 방향에 대해 묻기도 하고, 때론 난방이나 위생 등 시설에 대한 건의도 이뤄진다. 모든 편지에 답하는 것이 원칙이라 대표이사는 경영진으로서 해결책을 모색한 후 답변해 오고 있다. 최근에는 호칭 문제에 대한 건의가 올라왔고, 경영위원회의 토의를 거친 후 팀장회의 안건으로 상정된 바 있다. 팀장들은 구성원들의 의견을 취합해 호칭 문제를 정리했다.

밀레니얼 세대는 자신의 생각을 표현하는 데 능숙한 세대다. 선배 직원들에게도 언제든 자기 의견을 말할 수 있지만, 때론 선배나 팀장을 넘어 회사 경영진에게도 목소리를 내고 싶어 한다. '대학내일에 보내는 편지'는 그럴 때 필요한 소통 시스템이다.

대학내일에 가정을 꾸린 분들의 비중이 높아지고 있는 것 같습니다. 앞으로 육아와 일을 병행하는 분들도 많아질 텐데요. 설립하지 않는 것으로 정리되었던 어린이집 설립을 재논의할 여지가 없을까요? 결혼 후 일과 육아를 병행하다 아이를 맡길 곳이 없어 그동안 열심히 해온 일을 놓아야 하는 건 아닐지 고민이 되어 편지를 남깁니다.

Re: 육아는 개인 차원의 문제에 국한되는 것이 아닌 사회의 문제이며 회사도 이 문제를 풀기 위해 최대한의 노력을 해야 한다고 인지하고 있습니다.

편지를 보낸 이의 말씀처럼 어린이집 설립에 관해 논의한 적이 있습니다. 육아를 하고 있는 직원들 모두에게 보편적 혜택이 되지 않을 수도 있다는 점과 재정 여건이 충분하지 않다는 점 때문에 보류하게 되었습니다.

당시의 결론 이후 아직 추가 검토는 하고 있지 않습니다. 2019년의 구성원 육아 현황 조사와 직원평의회 의견 수렴 등을 통해서 회사가 할 수 있는 최선의 방법에 대해 연구하고 구성원들의 의견을 묻는 절차를 가지겠습니다.

더불어 어린이집 설립을 통한 문제 해결 외에 출산과 육아의 과정에서 회사가 배려해야 하는 요소에 대한 검토도 적극적으로 하겠습니다. 물론 검토하고 의견을 묻고 시행하는 과정에 다소 시간이 걸릴 수 있음은 양해해 주시기 바랍니다.

_대학내일에 보내는 편지와 그에 대한 경영위원회의 답변 중에서 발췌

위에서 살펴보았듯 편지에 쓴 모든 내용이 즉각 해결되는 것은 아니다. 해결까지 시간이 필요한 것도 있고, 때로는 아예 회사가 해결해 줄 수 없는 것들도 있다. 하지만 대표이사가 답변하는 과정에서 전체 구성원은 회사의 기준과 가치관을 확인할 수 있다. 덕분에 대학내일의 밀레니얼 세대는 중요한 문제라면 언제든 회사가 회피하지 않고 답을 줄 것이라는 확신을 갖고 일하고 있다.

이러한 상호작용은 관계를 지속적으로 유지하는 데 큰 힘을 발휘한다. 직원의 질문에 회사가 답한다는 것은 내 목소리에 귀 기울여 준다는 뜻이고, 직원이 질문한다는 것은 회사에 관심이 있다는 증거다. 더 주도적으로 회사에 질문하고 의견을 내는 직원과 그 질문에 진정성 있게 답하는 회사가 있다면, 조직문화는 자연스럽게 시대에 맞게 성숙해질 것이다.

14

"대표님, 노조를 만들고 싶습니다"

대학내일은 마케팅 대행사다. 상당수 대행사가 그렇듯이, 대학내일에 입사했던 2010년 당시 직접 목격했던 선배들의 노동 강도는 절대 약하지 않았다. 밤을 새워 제안서를 쓰는 일도 많았고, 밤 11시에도 사무실은 야근하는 직원들이 가득했다. 그때도 조직문화는 제법 수평적이었지만, 워라밸 수준은 결코 높지 않았다. 상당수의 직원이 높은 노동 강도 때문에 퇴사를 하고, 또 여전히 많은 직원이 반복되는 야근으로 고통을 겪고 있을 때 대학내일에도 노조가 필요하다는 의견이 나오기 시작했다.

"대표님, 노조를 만들고 싶습니다."

2014년, 몇 명의 직원이 노조를 만들겠다고 찾아왔을 때 김영훈 대표는 "노조를 만들어도 상관은 없지만, 회사와 구성원이 대립하는 구조가 건강한가"라는 질문을 던졌다. 직원들 모두가 노동자인 동시에 사용자이니 다른 방식이 더 낫지 않겠느냐는 말이었다. 직원들은 고민을 거쳐 노조 대신 '직원모둠'이라는 형태로 직원들의 건의사항이 경영진에게 바로 전달되고 의사결정에도 참여할 수 있는 조직체를 만들어 냈다. 그것이 바로 대학내일의 가장 강력하고도 핵심적인 조직인 '직원평의회'다.

직원평의회는 직원을 대변하는 자치기구로 평의원과 의장단으로 구성된다. 평의원은 각 사업 부문에서 리더를 제외한 팀원급 직원들이 직접 선출한 직원이다. 이들 중 의장, 부의장, 수석위원을 다시 선출하여 의장단을 구성한다. 평의원들은 각 부문별로 직원들의 업무 환경에 대한 의견을 상시적으로 수렴하고, 의장단은 이를 정리하여 경영회의, 팀장회의에 안건으로 상정하고 개선을 추진한다. 김영훈 대표는 직원평의회에 대해 아래와 같이 말한다.

"팀장이나 경영진은 회사 성장을 중심으로 논의할 수밖에 없고, 그러다 보면 근로 조건이나 노동 환경이 악화될 수 있죠. 기업 성장과 노동 환경이 균형 있게 논의되기 위해서는

팀장, 경영진이 성장에만 치우쳐 있을 때 '이런 문제가 있다'
고 이야기해 줄 사람이 필요합니다."

대학내일의 상당수 조직문화의 근간은 직원평의회로부
터 시작됐다고 해도 과언이 아니다. 평의회 의장은 경영위
원회, 인사위원회, 팀장회의 등 회사의 주요 의사결정 과정
에 권한을 가지고 참석한다. 채용 과정에서도 서류 심사부
터 최종 면접까지 모든 과정에 평의회 구성원이 참여하며,
해고, 징계 등의 중요 인사에도 관여한다. 심지어 근태 제도
나 경영철학에도 의사 결정권을 행사할 수 있다.

직원평의회 의장은 노동이사로 등록되기 때문에 주주총
회에서도 강력한 권한이 이어진다. 특히 권한을 올바르게
행사하기 위해 필요한 모든 정보를 경영진에 요구할 수 있
기에 회사 내에서 비합리적이거나 비도덕적인 의사결정이
이뤄지는 걸 방지한다.

직원평의회는 경영진과 리더를 견제하는 강력한 권한을
가지고 있지만, 그렇다고 늘 대립만 하는 위치는 아니다. 오
히려 이들은 리더들이 다 풀어내지 못하는 다양한 문제를
함께 푸는 역할을 한다.

최초로 도입된 30분 단위 휴가 사용제도 '야근이 너무 많다'고 항변하는 직원들의 문제를 풀기 위한 해결책으로 직원평의회가 제안한 것이었고, 매출 부서와 비매출 부서 간의 갈등을 해결하기 위한 캠페인을 기획한 것도 이들이다. 팀별로 교육비 지원이 제대로 되지 않는다는 문제를 리더들이 해결하지 못하자 직원평의회가 나서서 이 문제를 구성원들에게 이해시켰다. 리더들이 다루기 곤란하거나 신경 쓰기 힘든 범위의 문제를 직원평의회가 해결하면서 대학내일의 굵직한 문제들이 해결될 수 있었던 것이다.

채용 과정에 대한 불만이 나오자 직원평의회 의장이 대표이사와 동등한 권한으로 채용 과정에 동행했고, 추진하는 신사업에 대해서 궁금해하는 직원들이 많아지자 경영위원회에 참석하는 등 견제의 역할도 게을리하지 않는다.

"대부분의 문제는 설명만 잘해 줘도 커지지 않는 경우가 많아요. 밀레니얼 세대는 언제까지 해결될 것인지를 묻습니다. 만약 8월까지 해결하기로 했는데 못 했다면, 왜 못 했는지 설명하고, 다시 언제까지 할 수 있는지를 알려 주면 됩니다. 이 과정만 잘해도 많은 사람이 납득하더라고요."

직원평의회 의장 출신인 A 매니저는 리더들과 밀레니얼

세대 간의 갈등이 커지는 이유를 "소통방식 때문"이라 지적했다. 해결할 수 없는 문제라고 해도 설명만 자세히 해주면 되는데, 대다수의 조직이 이런 설명 과정을 소홀히 하면서 문제가 커진다는 것이다. 대학내일의 직원평의회는 직원들에게 설명하고 이해시키는 역할로 강력한 존재감을 가지는 셈이다.

또한 A 매니저는 밀레니얼 세대의 목소리만 잘 들어도 기업이 풀어야 할 문제를 파악할 수 있다고 얘기한다.

"한번은 신입사원이 건의한 안건에 대해 '그건 평의회에서도 논의조차 못 할 거 같은데'라고 단언한 순간 섭섭했다고 하더라고요. 시간이 지나고 보니 대부분의 조직문화 문제는 밀레니얼 세대가 잘 발견하는 것 같았어요. 고연차 직원들끼리 호칭을 아무렇게나 쓰는 걸 지적한 것도 신입사원이었고, 나쁜 근무 태도를 찾아낸 것도 저연차 후배였어요. 고연차들은 누가 말해 주지 않으면 문제를 문제라고 생각하지 않아요. 당연하게 해왔으니까요."

대학내일의 직원평의회는 잘 듣고, 잘 설명하는 조직이다. 직원들의 목소리를 들어서 경영진과 리더들에게 전달하고, 또 리더들의 의사결정 과정을 다시 구성원들에게 이해하기 쉬운 언어로 친절하게 설명한다. 꼭 직원평의회와 같은 기구가 아니더라도 위 과정만 충실히 해낼 수 있다면, 밀레니얼 세대와 소통하는 힘든 미션을 풀어낼 수 있다는 힌트이기도 하다.

"직원들의 의견을 경영진에게 전달합니다"

최초로 노조를 만들겠다고 나섰다고 들었어요. 어떤 문제가 있어서 노조를 만들려고 했나요?

● 큰 문제가 있었다기보다, 문제가 있을 때 말할 수 있는 채널이 없어서 그런 시스템을 만들어 보고 싶어서 찾아갔습니다. 다섯 명을 모아서 강남 토즈에 모여『노동법 실무 사례집』을 찾아 가며 노조 설립을 준비했죠.

진짜로 대표이사의 반대는 없었습니까?

● 처음에는 놀랄 정도로 쿨하게 받아 주셨어요. 다만 사용자나 노동자라는 용어로 구분하기보다 협의적인 관계를 찾자고 말씀하셨죠.

그 결과 준비하던 노조는 결국 '직원모둠'이라는 형태로 만들어졌는데요. 어떤 목적을 가진 조직이었나요?

● 리더를 제외한 나머지 직원들로 구성했고, 대립보다는 원활한 소통을 하는 조직체를 만드는 데 많은 신경을 썼습니다. 예전에는 대학내일에도 눈치를 보는 문화가 없지 않았기 때문에, 주니어급 직원들의 의견이 경영진에게 그대로 전달되는 것을 가장 중요한 목표로 삼았습니다.

성과가 있었나요?

● 절반 정도의 성공은 이뤘다고 봅니다. 초창기에는 정말 크리티컬한 의견들

이 많았는데, 상당수 해결되어서 이제는 예전만큼 강력하게 해결을 바라는 안건은 많이 없어진 것 같거든요.(웃음) 그리고 직원평의회가 되어 현재 대학내일의 소통 문제를 잘 풀어내고 있으니까요.

누구보다 주도적으로 노조를 만들고자 했었으니, 대학내일에 대한 애착이 남다를 거 같습니다. 대학내일의 조직문화의 핵심은 뭐라고 생각하나요?

● 자기 결정권이죠. 신입사원일 때부터 지금까지 상당히 많은 자기 결정권을 부여받았다고 생각합니다. 항상 성공하는 것은 아니다 보니 실패할 때도 있었지만 그 누구도 원망하지 않게 됐어요. 다 제가 내린 결정이었으니까요. 이런 경험이 쌓이면서 주인의식이 생기는 거라고 생각합니다. 원래 결정권은 특정 레벨이 아니면 부여되지 않는데, 대학내일은 결정권이 참 많이 주어지는 조직인 거 같아요.

15

까다로운 밀레니얼 세대를 만족시키는 비밀

대학내일 공덕 사옥 7층에는 'Studio N'이라는 카페가 있다. 흔히 '스엔카페'라 불리는 이곳은 광화문에서 원남동으로 사옥을 옮길 때부터 있었던 카페다. 임대 건물 1층에 공간을 마련하고 외부 사업자를 초대해 일종의 회사 카페처럼 운영했는데, 처음 계약했던 카페는 많은 비난을 받았다. "대학내일이 임대료를 지불하는데도 커피 가격이 저렴하지 않다", "위생 환경에 의구심이 든다", "주문을 잘못 받는 경우가 많다", "아침에 너무 바빠서 서비스가 좋지 못하다", "운영 시간이 일정하지 못하다" 등 다양한 불만이 제기되어 결국 계약을 해지하고 말았다.

익명으로 진행된 카페에 대한 솔직한 평가는 구성원들에게도 공개되었는데, 이를 보고 몇몇 직원은 "어떤 카페도 대학내일에 들어오면 버텨 낼 수 없을 것"이라고 고개를 저었을 정도다. 피드백에 익숙하고 문제 제기를 꺼리지 않는 대학내일의 강점이 외부 관계자의 입장에서는 감당하기 어려운 요소가 되었던 것이다.

하지만 놀랍게도 이 문제를 해결한 카페가 있었다. 직원평의회는 대학내일 직원들이 주변에서 가장 선호하는 카페를 조사했고, 그중 가장 많은 지지를 얻은 카페와 협의하여 건물 1층으로 모셔 오는 데 성공했다. 이 카페에 대한 직원들의 만족도는 굉장히 높았고, 2년 계약이 끝나고 다시 카페 만족도 조사를 했을 때는 설문 응답자 202명 전원이 계약 연장에 동의하고 계속 함께했으면 좋겠다는 답변을 내놨다.

'100%'라는 수치도 놀랍지만 더 주목할 만한 사실은 음료에 대한 만족도는 5점 만점에 4.3, 베이커리에 대한 만족도는 3.81이라는 것이다. 모든 요소에 만점을 받지 못했어도, 전체적으로 만점을 받을 수 있는 비결은 무엇일까? 직원들은 '성실한 친절'을 이유로 꼽았다. 단 한 번도 보여 주는 친절함에 기복이 없었다는 이야기다. 너무 뻔한 답처럼 보이지만, 이는 굉장히 중요한 포인트다.

"기분이 태도가 되지 말자"는 한 줄의 문장이 트위터와 페이스북에서 수만 건 공유된 것은 그만큼 기분에 따라 일하는 태도가 바뀌는 사람이 많다는 이야기다. 이는 많은 직장 상사들에게 봐왔던 모습이기도 하다. 밀레니얼 세대에게 중요한 것은 변하지 않는 '기준'이다. 즉, 밀레니얼 세대에게 늘 같은 태도를 보여 줄 수 있다면 이들의 신뢰를 얻을 수 있다는 이야기이기도 하다.

"대학내일 손님들 보고 함께하기로 했습니다"

대학내일 안에서 카페 운영을 해보겠다고 결심한 이유는 무엇인가요?

● 이유는 딱 하나였어요. 당시 손님이었던 대학내일 직원분들을 보고 옮기기로 했습니다. 단골손님 대부분이 대학내일분들이었거든요.

대학내일 직원들이 어때 보였길래요?

● 일반적인 회사 손님들과는 너무 달랐어요. 유니크했죠. 젊은 분들이 대부분이었고, '회사에서 뭐라고 안 하나' 싶을 정도로 복장도 자유로웠어요. 저도 예전에 디자인 회사를 다녀서 나름 자유로운 복장으로 다녔는데 대학내일은 아예 제한이란 게 없는 것 같더라고요. 팀원분들이 팀장님이랑 와서 대화하는 걸 들었는데 마치 대학교 선후배가 대화하는 느낌이었어요. '자유롭고 편한 곳이구나' 싶었죠.

그렇게 들어온 후 전 직원을 만족시킨 비결은 뭐였나요?

● 처음엔 믿지 않았죠. 사실 지금도 안 믿겨요. 그냥 불쌍해 보였나 싶기도 하고요.(웃음) 비결은 잘 모르겠습니다만, 늘 직원들에게 강조하는 말은 있는 것 같아요. 손님을 기다리게 하지 말라고요. 직원들끼리 친해지면 주문받는 걸 놓치는 경우가 있더라고요. 손님이 기다리지 않게 하는 것만큼은 반드시 지키려고 신경 쓰고 있습니다.

16

요즘 애들은 예의가 없다고?

2019년 사람인이 기업 인사담당자 390명을 대상으로 '뽑고 싶은 신입사원'에 대해 조사한 결과, '태도가 좋고 예의가 바른 사람'이 압도적(50.3%)으로 1위에 꼽혔다고 한다. 기성세대는 흔히들 밀레니얼 세대는 태도가 나쁘다고 생각한다. 예의 없이 말하고, 상대방을 무시하는 행동을 쉽게 범한다는 얘기를 자주 한다.

하지만 의외로 밀레니얼 세대가 더 예의가 바르다는 시각도 있다. 대학내일 'Studio N' 카페 사장님은 밀레니얼 세대가 더 배려심이 뛰어나다고 말했다. 심지어 쓰레기통에 써 붙여둔 '분리수거를 부탁드립니다'라는 말도 기성세대보다 밀레니얼 세대가 더 꼼꼼하게 확인한다고 한다. "이 쓰레기를 여기 버리는 게 맞는지까지 물어봐요. 그냥 아무

데나 놓고 가셔도 되는데."

어떤 게 진짜일까? 밀레니얼 세대가 예의가 없다는 건 대체 어떤 행동 때문일까? 드라마 〈회사 가기 싫어〉에는 신입사원이 출근 첫날에 "점심 약속이 있다"고 말하자 선배가 "아니 그래도 처음 하는 회식인데 빠지는 게 말이 되냐"며 예의 없다는 시선으로 바라보는 장면이 있다.

밀레니얼 세대가 예의 없다는 말이 나오는 경우는 대부분 이런 것이다. 기성세대가 하던 대로 행동하지 않는 경우, 또 그걸 불편하다고 당당하게 말할 때 예의가 없고 태도가 좋지 않다고 규정한다. 하지만 사실 그 반대다. 이들은 어떤 행동이 상대방에게 피해가 간다고 생각하면 오히려 더 신경 쓰고 조심하는 세대다. 오래된 고전 『탈무드』에도 비슷한 이야기가 나온다.

한 랍비가 제자에게 물었어요.
"두 아이가 굴뚝 청소를 하고 나왔는데 한 아이의 얼굴은 시커먼 그을음이 묻어 있었고, 다른 아이의 얼굴에는 그을음이 없었네. 그렇다면 두 아이 중에서 누가 얼굴을 씻었겠는가?"
"그야 물론 얼굴이 더러운 아이겠지요."

제자의 대답에 랍비는 고개를 저으며 말했어요.

"그렇지 않아. 얼굴이 더러운 아이는 깨끗한 아이를 보고 자기 얼굴도 깨끗할 것이라고 생각해서 씻지 않지. 하지만 얼굴이 깨끗한 아이는 얼굴이 새까매진 아이를 보고 자기 얼굴도 그럴 것이라고 생각하고 씻는다네."

마찬가지다. 밀레니얼 세대는 자신이 불편함을 겪은 상황은 스스로 피한다. 상사에게 삿대질을 한다거나, 결재 서류를 툭툭 던진다거나, 부장님의 외모를 지적하는 일 따위는 하지 않는다. 자신의 기준으로 예의 없어 보이는 행동을 피하는 것이다. 그럼에도 기성세대의 눈에 무례해 보인다면 '기성세대들은 어떨 때 상대방이 예의 없다고 느끼는지'를 덜 설명해 준 탓일 가능성이 높다.

기분이 불편해지는 이유를 논리적, 합리적으로 설명하지 못하면서 "원래 이렇게 하는 거야", "이렇게 해야 기분 안 나쁘지"의 맥락으로 밀레니얼 세대에게 특정 행동을 강요한다면 당연히 그들의 반항이 예의 없어 보일 것이다. 하지만 예의의 사전적 정의는 '존경의 뜻을 표하기 위하여 예로써 나타내는 말투나 몸가짐'이다. 예의 있는 행동이 따로 있

는 것이 아니라, 존경하게 만드는 행위가 선행되어야 한다
는 뜻이다.

17

불이익을 받지 않을 거라는 확신

"정치 이야기를 술자리에서는 하지 않아요. 그냥 도서관에서 커피 한잔하면서 가볍게 얘기하는 정도죠."

19대 대통령 선거가 한창이던 2017년 5월 학생 에디터에게 대학가에서의 대선 동향을 묻자, 그 학생은 친구들끼리 정치 얘기는 잘 하지 않는다고 말했다. 왜 술자리에서 얘기하지 않는지 재차 물어보니, "그런 얘기 하면 감정이 상해서 싸우기 쉽잖아요. 다들 피하는 거죠"라고 설명하기에 조금 충격을 받았던 기억이 있다.

그간 정치 이야기는 술자리에서 빠지지 않는 주제였다. 기성세대들은 늘 자신이 지지하는 정당과 가치관에 대해 설명하고 싶어 했고, 그래서 그들의 술자리는 늘 소란스러웠다. 내 또래 세대까지만 해도 그랬다. 그런데 이제는 아니라는 얘기다. 이러한 현상에 대해 일각에서는 밀레니얼 세대의 정치 혐오 때문이라고 분석하기도 한다. 하지만 그 이면에는 이들 세대가 관계를 맺는 방식의 특성이 담겨 있다.

밀레니얼 세대에게는 많은 데이터가 있다. 온라인 커뮤니티에 어떤 이야기가 올라오면 비난을 받는지를 봐왔고, '대나무숲'에서 어떤 논조로 이야기해야 호응을 얻는지도 늘 보며 배우고 있다. 이렇게 쌓인 경험들은 밀레니얼 세대가 오프라인에서 관계를 맺는 것에 더 조심스러운 태도를 취하게 만든다. 어떤 발언이나 태도로 인해 굳이 자신이 피해를 감수해야 하는 상황을 만들려 하지 않는 것이다.

"팀장님께서 제발 커피 마시자고 그만 부르셨으면 좋겠어요. 얘기하자고 부르시는데 결국 자기 말만 해요."

한 대기업의 조직문화 개선을 위한 간담회에 갔을 때 들은 이야기다. 기업에서도 수평적인 소통 문화를 만들기 위해 다양한 시도를 한다. 면담도 자주 하고, 팀장들은 수시로 팀원들을 불러 티타임을 가진다. 심지어 호칭 제도를 고치기도 한다. 이런 시도들이 아예 의미가 없는 것은 아니지만, 본질에 접근하지 못하면 형식적인 행위에 그칠 수밖에 없다. 수평적인 문화의 핵심은 서로 친해지는 것이 아니라,

'내가 의견을 내도 불이익을 받지 않는다'는 신뢰를 시스템화하는 것에 있기 때문이다.

> "면담한다고 해서 진짜 솔직하게 얘기 안 하지?
> "네, 안 하죠. 말해도 안 바뀔 것 같고, 괜히 말했다가 내가 한 말이 불씨가 돼 튀게 될까 봐 무섭고, 남들은 괜찮은데 나만 부적응자로 찍힐 수 있으니까 걱정되기도 하고요. 보통 말 안 하는 것 같아요.(하략)"
>
> -『결국 퇴사할 수 밖에 없는 공채형 인간』 중에서

대학내일 FA 제도는 밀레니얼 세대의 이러한 특징을 가장 중요하게 여겨 운영되고 있는 직무 및 팀 변경 제도다. 본인의 역량이 허락하는 범위 안에서 맞지 않는 직무나 팀을 참지 않을 기회를 제공한다. 1년에 한 번 FA가 열리는데, 2019년에는 무려 16개의 팀에서 21개의 FA가 열렸다. 구성원들은 FA 공고를 보고 원하는 팀과 직무를 골라 신청할 수 있고, 이 중 매칭 가능성이 상당히 높다고 판단되는 경우에는 FA와 관련된 프로세스가 진행된다. FA가 최종 결정되기 전까지 소속팀장은 팀원의 FA 신청 여부를 절대 알 수 없

다. 즉 FA가 무산되더라도 신청자는 아무런 문제 없이 기존의 팀에서 일할 수 있는 것이다.

　기업은 늘 어떠한 제도를 시행할 때 불이익을 받게 되는 구성원이 있는지를 고려해야 한다. 특히 밀레니얼 세대에게 있어 불이익은 감수하는 것이 아니라, 사전에 피해야 하는 대상이기 때문이다. 훌륭한 조직문화는 '내가 어떤 의견을 내도 불이익이 없다'는 신뢰가 쌓였을 때 더 빠른 속도로 완성된다. 몸에 좋은 약이 쓴 것처럼 구성원들의 불평, 불만을 조용히 들을수록 조직은 더 건강해진다.

2019년 9월, 현대자동차 그룹은 기존 6단계 직급 체계를 4단계로 축소하겠다는 인사제도 개편안을 발표했다. 개편 이유에 대해 현대차 관계자는 "전문성 중심의 업무 환경을 조성하고, 수평적 소통을 촉진하면서도 상호 존중의 조직 문화를 만들기 위함"이라고 설명했다. 다른 대기업들도 상황은 비슷하다. SK그룹도 계열사별로 '님', '매니저', 'PL' 등 호칭을 단순화했고, 삼성전자도 2017년부터 '프로'라는 직책으로 통일했다. 수평적인 소통 환경을 만들기 위해 호칭 제도를 손보는 것은 어쩌면 당연한 수순으로 여겨진다. 하지만 밀레니얼 세대에게 있어서 호칭 제도는 단순히 수평적인 소통에만 영향을 끼치는 것이 아니다.

대학내일에도 다양한 호칭이 있었다. 과거에는 '과장님',

'부장님'과 같은 직책이 있었고, 또 한때는 수평적 문화를 지향하며 직책이나 직급에 상관없이 '○○님'이라고 불렀던 적도 있다. 당연히 새로 들어온 인턴이나 신입사원에게는 상호 존대를 했지만, 몇 년 이상 함께 일한 사람끼리는 서로 반말과 호칭을 자유롭게 쓰는 경우도 적지 않았다. 복잡한 호칭 체계였지만, 그래도 권위적이지 않고 나름 수평적인 문화가 있으니 굳이 호칭을 바로잡겠다는 목소리는 크지 않았던 것이다.

정작 이 문제를 이상하게 바라본 것은 대학생 인턴이었다. "왜 누구는 파트장님이라고 부르고, 누구는 에디터라고 부르나요? 정식 직책을 부르는 사람은 덜 친해서인가요?" 호칭 제도에 담긴 격식을 깨는 것이 바람직하다고 여겼지만, 기준 자체가 없는 것이 다시금 오해를 불러일으켰던 것이다.

인턴은 다양한 대학내일 구성원들에게 이런 질문을 던졌고, 이는 영상으로 제작되기까지 했다. 그리고 우리는 그 과정에서 좋은 배움을 얻었다. 덜 친한 사람에게 깍듯하게 대한다고 예의 있는 것도 아니고, 친한 사람에게 격의 없이 대하는 것도 좋은 방법이 아니라는 것을 말이다. 정말 중요한

것은 '모든 사람에게 동일한 관계와 환경을 만들어 주는 것'
이고, 이를 만들지 못하면 소위 '라인'이라는 정치적인 해석
을 만든다는 사실이었다.

"회사 내에서 정치한다"는 말이 나오는 것은, 회사의 의
사결정 과정에 친분이 작용함을 의미한다. 이는 공정함을
중시하고, 평가에 까다로운 밀레니얼 세대에게 가장 독이
되는 시스템이다. 대학내일이 '요즘 누가 라인을 타'와 같은
슬로건을 만든 것도 정치하지 말자는 메시지로 그치지 않
고 이를 막는 시스템을 만들려고 노력한다는 의미다.

최근 대기업에서 상대평가가 아닌 절대평가 시스템을 도
입하는 것도 같은 맥락이다. 남과 비교해서 평가를 하는 과
정은 객관적이거나 공정하기 어렵다. 기준과 목표를 정하
고, 달성했는지를 평가하는 것이 밀레니얼 세대가 원하는
평가 방식에 가깝다. 때문에 조직은 '이 사람을 어떻게 평가
할지'가 아니라 '어떤 항목들을 평가해야 할지'를 고민해야
하는 것이다.

19

휴식도 회사의 책임

"우울한 이야기 해줄까? 대학 시간표에 1교시가 하나만 들어 있어도 굉장히 힘들어지잖아? 직장인이 된다는 건 월, 화, 수, 목, 금 내내 1교시라는 뜻이야. 한 학기가 아니라 은퇴하기 전까지 계속."

대부분의 직장인이 대학생을 만나면 가장 많이 하는 조언은 여행을 자주 다니라는 것이다. 직장인이 되고 나면 경제적인 문제는 해결되지만, 정작 떠날 수 있는 시간 여유가 생기지 않기 때문이다. 특히나 장기간의 휴식은 더더욱 그렇다. 한 달 이상 아무것도 안 하고 쉴 수 있는 것은 대학생만 누릴 수 있는 특권이다. 평범한 직장인들은 결코 꿈꿀 수 없는 희망사항이기 때문이다.

대학내일이 재직한 지 만 3년이 넘은 직원에게 한 달짜리 유급휴가인 '안식월'을 부여하는 것도 이 때문이다. 일반적인 회사에서는 쉽게 볼 수 없기 때문에 대학내일만의 가장 만족스러운 복지제도가 되고 있다. 이는 대학내일이 밀레니얼 세대를 붙잡는 가장 강력한 비결이기도 하다.

하지만 이러한 안식월 제도는 밀레니얼 세대를 붙잡기 위해 운영하는 것이 아니다. 충분하고 만족스러운 휴식은 곧 나은 성과로 이어진다고 믿고 있기에 운영하는 것이다. 매일 반복되는 야근으로 인해 지친 구성원은 안식월을 통해 체력을 회복하고, 아이디어가 고갈된 직원은 여행을 통해 새로운 자극을 얻기도 한다. 즉 안식월은 단순 보상으로의 휴식뿐 아니라, 직원들에 대한 일종의 투자 역할도 하는 셈이다.

대부분의 조직은 공동체로서 지켜야 할 의무와 책임을 강조하느라 여념이 없다. 하지만 의무와 책임만 강조하는 환경에서는 동기 부여가 되지 않는다. 의무를 강조하는 만큼 그에 비례하는 권리도 동반되어야만 한다. 개인의 책임만 강요할 것이 아니라, 권리와 보상도 회사가 함께 챙겨야 한다는 뜻이다. 그래야만 직원들 스스로 책임과 의무를 달성하고자 노력하게 될 것이기 때문이다.

> 현재 중소기업인력지원특별법에 따라 중소·중견기업에 1년 이상 재직 중인 만 13세 이상 34세 이하 청년근로자는 청년 내일채움공제에 가입할 수 있는 것으로 알고 있습니다. 우리 회사는 2018년 신규 입사자만 가입이 가능한 것으로 알고 있는데, 이 부분이 다른 직원들에게는 계속 적용되지 않을 예정인지 궁금합니다.
>
> - 대학내일에 보내는 편지 중에서

청년재직자 내일채움공제는 근로자가 5년간 720만 원을 납입하면, 정부가 1,080만 원을, 그리고 기업이 1,200만 원을 납입해 3,000만 원의 목돈을 만들어 주는 제도다. 대상자가 200여 명이나 되어 회사 입장에서 비용 부담이 만만치 않은 상황이었지만, 대학내일은 이 제도를 전격 도입했다.

이 제도가 직원들의 목돈 마련에 도움이 될 것이라고 판단했기 때문이다. 대학내일의 성장을 구성원들이 함께 만들어 냈으니, 그에 준하는 복지로 보상한다는 생각이 밑바탕에 자리 잡고 있는 것이다. 덕분에 대학내일은 이 제도를 성공적으로 도입한 우수사례가 되어 중소벤처기업진흥공단으로부터 표창까지 받았다.

이미 사회에서는 다양한 방식으로 구성원의 행복을 챙기는 시도가 시작됐다. SK그룹에서도 행복 경영을 목표로 격주 4일 근무제, 행복 중심 성과평가 등을 하겠다고 발표했다. 밀레니얼 세대와 함께 일하기 위해서는 비즈니스 성과만 보는 것이 아니라, 구성원의 행복도 함께 살펴야 하기 때문이다.

20

얼마나 좋은 회사인지 설명할 수 있나요?

"매일 3시간 이상 야근하지만 연봉 7,000 vs 무조건 칼퇴 연봉 4,000."

"상사가 완전 또라이지만 칼퇴 가능 vs 동료들 다 천사인데 매일 야근."

취준생들 사이에서 종종 공감을 얻는 질문이 있다. 야근 많은 대기업이냐, 야근 없는 중소기업이냐, 혹은 칼퇴하지만 성장 가능성 없는 공무원이냐, 바쁘지만 조직문화가 좋은 스타트업이냐를 두고 늘 고민한다. 밀레니얼 세대에게 좋은 회사는 무엇일까? 연봉이 높은 회사? 복지가 좋은 회사? 혹은 조직문화가 좋은 회사? 아마 이 질문에 대한 정답은 없을 거다. 그만큼 회사에 대한 만족도는 측정하기 어렵고 복잡하게 연결돼 있기 때문이다.

대학내일은 일자리에 대해 조금 더 객관적으로 측정하는 실험을 하고 있다. 2013년부터 시작한 일자리 만족도 조사는 소득, 휴식, 직무, 소통, 협동, 사회적 기여 6개의 항목으로 구성되어 있으며, 5점 만점 척도로 구성원들이 익명으로 평가하는 시스템이다. 구성원마다 일하는 목적과 추구하는 가치가 다양하기 때문에 여러 지표를 동시에 측정한다. 이는 다른 회사들과 비교하기 위함이 아니다. 올해의 회사 상태를 평가하고, 앞으로 회사가 신경 써야 할 항목들을 명확하게 하기 위함이다.

실제로 대학내일의 2013년 휴식 만족도는 2.22였다. 가장 만족도가 높았던 항목은 소통 만족도(공유, 리더십)로 3.48이었다. 당시 회사는 "주말도 없고 야근의 연속으로 만든 성과로 현재의 일자리를 유지하는 것에 머물러 있는 것이 아니라 주말도 있고 저녁도 있으면서 만든 성과로 일자리도 지속하고 일자리의 질을 높여 내는 방향의 진전이 없으면 외부 환경에 의해 망하는 속도보다 스스로에 의해 망하는 속도가 더 빠를 것이라 생각됩니다"라는 입장을 냈고, 그 이후로 휴식 제도를 더 쓰임 있게 만드는 데 주력했다. 그

대학내일의 2013년 일자리 만족도

보상 만족도(급여, 복지)	3.07
자아실현 만족도(교육, 직무)	3.33
근로조건 만족도(휴게 지원, 근무 환경)	2.22
소통 만족도(공유, 리더십)	3.48
전체 평균	3.02

대학내일 2014년 일자리 만족도

소득 만족도	3.15
직무 만족도	3.48
소통 만족도	3.33
휴식 만족도	2.20
협동 만족도	3.13
사회적 기여 만족도	3.26
전체 평균	3.09

대학내일 2018년 일자리 만족도

소득 만족도	3.72
직무 만족도	3.81
소통 만족도	3.85
휴식 만족도	3.26
협동 만족도	3.65
사회적 기여 만족도	3.89
전체 평균	3.70

결과 5년이 지난 2018년 대학내일의 휴식 만족도는 3.26까지 올라갔다.

대학내일의 일자리 만족도는 외부에 대학내일을 설명할 때 사용하는 객관적 지표로 활용된다. "대학내일은 매우 좋은 회사입니다"라는 표현 대신 "구성원들이 5점 척도에 3.70점의 만족도를 얻는 회사. 100점 만점 기준으로 약 74점의 회사"라고 말이다.

밀레니얼 세대에게 좋은 회사가 어떤 회사인지에 대한 기준은 없다. 하지만 밀레니얼 세대가 들어가고 싶은 회사가 되고 싶다면 적어도 직원들에게 우리 회사가 얼마나 좋은 회사인지 설명할 수 있는 구체적이고 객관적 지표는 있어야 하지 않을까?

21

우리 회사의 꿈은 무엇인가?

패션 브랜드 파타고니아의 인기는 한국에서도 통했다. 20
대들 사이에서 하나둘 보이다가 이제는 고등학생들 사이에
서도 흔히 찾아볼 수 있는 화제의 브랜드가 됐다. 친환경을
기업 이념으로 삼고 있는 파타고니아의 철학은 대중들에게
잘 알려져 있다. 그렇다면 소비자 대부분은 정말로 자연을
사랑해서 파타고니아 브랜드를 소비하는 걸까?

상당수는 그럴 수 있다. 하지만 파타고니아가 밀레니얼
세대를 사로잡은 진짜 이유는 브랜드가 착한 철학을 가지
고 있기 때문이다. 자신이 친환경을 절대적으로 지지하지
않더라도, 친환경에 대한 올바른 메시지나 캠페인에는 지
지를 보낸다는 것이다. 밀레니얼 세대는 착한 생각과 올바
른 가치관을 기업도 가져야 한다고 생각한다. 이들이 진정

으로 회사와 소통하고, 몰입하게 하려면 조직이 바라보는 방향이 옳다는 신뢰를 얻어야만 하는 것이다.

대학내일은 20대를 독자로 매거진을 만들며 성장한 회사다. 20대 덕분에 지금까지 사업을 지속할 수 있었음을 늘 기억하고 있다. 그래서 '우리만 잘 먹고 잘살자'가 아니라 20대를 위한 좋은 일자리를 늘리는 것이 최고의 사명이라 여기며 일해 왔다. 덕분에 3명으로 시작했던 회사는 어느새 자회사를 포함하여 300여 명의 임직원이 일하고, 500억 이상의 매출을 올리는 기업이 되었다. 꾸준히 성장하면서도 변하지 않았던 것은 바로 '우리의 성장은 20대와 사회로부터 왔다'는 생각이다.

그래서 대학내일은 비영리법인을 만들기로 했다. '젊은 세대의 내일을 위해 다채로운 오늘을 함께 한다'는 취지의 사단법인 '오늘은'을 설립한 것이다. 대학내일 및 관계사는 당기순이익의 10%를 '오늘은'에 매해 기부하기로 했으며, 대학내일 임직원들은 자발적으로 봉사 활동에 참여하고 있다.

'오늘은'은 대학내일 임직원과 함께하는 멘토링 프로그램 '선라이즈캠프', 대학내일 사옥 일부 공간을 대여해 주는

'오늘스페이스', 20대의 고민을 바탕으로 그림을 처방해 주는 '오늘은그림' 등을 진행 중이다. 향후 20대가 각자 행복을 생각하는 기준을 바탕으로 일, 교육, 경험 등 다양한 기회를 접할 수 있는 프로그램으로 확대해 나갈 예정이다.

20대에 대한 감사함을 잊지 말자는 생각, 이것이 밀레니얼 세대와 함께 행복한 일자리를 만드는 대학내일의 마지막 비결이다.

"20대의 일이 곧 우리의 일입니다"

사단법인 '오늘은'은 어떤 조직인가요?

● 건강한 20대의 '오늘은' 어떤 모습인지 고민합니다. 20대가 스스로 삶의 행복을 누릴 수 있는 기준을 찾도록 돕고, 그것을 이루기 위한 과정을 함께하고자 합니다. 특히 사회적 기회에서 소외된 20대가 동등한 출발선에서 본인의 의지를 담은 도전을 해나가는 경험들을 마련할 계획입니다.

대학내일 및 관계사가 당기순이익의 10%씩을 기부하며 운영하는 것이 직원들에게 의미가 있는 걸까요?

● 일반적인 회사에서는 본인이 하는 일이 누군가에게 도움이 된다고 생각하는 경우가 많지 않죠. 보통 내 매출, 내 성과급에만 집중하기 마련인데, 대학내일은 비영리법인을 함께 만들어 나가며 본인의 성과가 누군가에게 도움이 된다는 동기 부여를 받고 있다고 해요. 기부뿐 아니라 자원봉사로도 직원들이 많이 참여해 주고 있는데요. 일하면서도 가끔 20대라는 존재를 잊을 때가 있는데, 비영리법인을 통해 20대를 만나면서 다시 열심히 일해야겠다고 동기 부여를 받으시더라고요.

이사장님은 여러 회사에서 오랫동안 일하다가 오셨는데, 대학내일의 조직문화가 다르다고 느끼신 적이 있나요?

● 주인의식이 정말 다른 것 같아요. 다른 회사에서도 우리사주를 소유하는 경

우가 있죠. 하지만 절대 직원들이 스스로 주인이라고 생각하지는 않거든요. 하지만 대학내일은 막 큰소리를 내는 주인이 아니라, '내 일이다'라고 생각하는 의식이 강한 편이었어요. 사단법인을 만드는 과정에서 그냥 일반적인 CSR이라고 생각하는 게 아니라, '나의 일', '친구의 일'이라고 생각하면서 참여하는 모습이 인상적이었습니다.

'오늘은'은 20대 대학생들과 자주 만나고 있는데, 요즘의 밀레니얼 세대가 정말 다르다고 생각하시나요?

● 김영훈 대표님이 대학생들을 대상으로 강연을 하신 적이 있었는데, 당연히 "어떻게 하면 대학내일 들어갈 수 있어요?"라는 질문이 나올 줄 알았어요. 그런데 대학내일이 다음으로 준비하는 사업이 무엇인지에 대해 묻더라고요. 대학내일의 책임이 크다고 느꼈습니다. 대학내일은 지금까지 콘텐츠를 통해 정보와 재미만을 제공해 왔지만, 대학생들은 대학내일에 더 큰 책임감을 부여하고 있다는 거죠. 밀레니얼 세대들의 생각의 깊이가 한층 더 깊어졌다고 생각했습니다.

대학내일
슬로건 7

1. 고인 물이 되지 말자
   하던 것만 하지 않고, 하던 대로 하지 않습니다

2. 시켜서 하는 건 숙제지 일이 아니다
   스스로 할 때 나도 회사도 더 잘됩니다

3. 우리 월급은 우리가 번다
   급여는 회사가 주는 것이 아니라 내가 주는 것입니다

4. 요즘 누가 라인을 타
   직급이 달라도 똑같이 존중하며 소통합니다

5. 남 탓은 멋이 없다
   나를 높이기 위해 남은 낮추지 않습니다

6. 일은 끝나도 남을 동료는 영원히
   너와 나는 다르지만, 모인 우리는 남다릅니다

7. 20대가 없으면 우리도 없다
   우리의 성장은 20대와 사회로부터 온 것입니다

변해야 할 건 사람이 아니라 시스템이다

늘 청춘은 이해하기 어렵다. X세대가 청춘일 때도 그런 말을 들었고, 밀레니얼 세대도 듣고 있고, 앞으로 Z세대도 그런 말을 들을 것이다. 그러니 밀레니얼 세대가 그리 특별한 존재들은 아니다. 앞서 언급했듯이 대부분의 밀레니얼 세대는 자신이 밀레니얼 세대에 속하는지도 모를 정도다.

하지만 그럼에도 세대를 보는 관점에 달라진 것이 있다면 예전에는 권한과 책임으로 젊은 세대를 눌러 왔지만, 이제는 미디어와 사회가 주목하고 있기 때문에 그럴 수 없는 환경이 됐다는 것이다. 무엇보다 예전처럼 강압적으로 지시하는 문화에서는 성과를 낼 수 없기 때문에, 결국 어떻게 함께 일해야 하는지를 고민하는 상황이 된 것이다.

'밀레니얼 세대와 함께 아무런 문제 없이 일하는 비법'

같은 건 없다. 그저 이들과 끊임없이 갈등을 겪고, 문제를 해결하는 과정을 쌓아 가는 것이 정석이다. 갈등은 생각이 다를 때 발생한다. 왜 생각이 다른지를 잘 듣고, 그 이유를 이해하게 될 때까지 소통해야만 한다. 또 이해가 됐다면 문제를 해결할 방법을 찾아야 한다. 그것이 조직의 시스템이고 제도이며, 궁극적으로는 조직문화가 되는 것이다.

대학내일 조직문화의 핵심은 의사결정에 있다. 첫째, 세대 간에 서로 생각이 다름을 인정하기 때문에 다양한 의견을 듣는다. 둘째, 밀레니얼 세대가 잘하는 영역에서는 결정권과 동시에 책임도 부여한다. 셋째, 합리적인 의사결정을 하기 위해서는 정확한 정보가 필요하니 모든 데이터를 오픈한다. 넷째, 이렇게 내린 결정이 나의 가치관과 다르더라도 불이익을 받지 않게 한다는 신뢰를 만든다. 정리하면 (이야기를) 잘 듣고, (정보를) 잘 제공하고, (결정하게) 해주고, (쿨하게) 인정한다는 거다. 우리는 네 가지 원칙하에 다양한 실험을 하고 있는 셈이다.

대학내일은 이제 20년이 되었다. 앞선 10년보다 뒤에 10년 동안 더 많은 변화가 있었고, 최근 10년 안에서도 불과 3, 4년 사이에 조직문화는 더 빠르게 변했다. 현재의 대학내일을 두고 최고의 회사라고 부르기에는 무리가 있지만, 대학내일은 앞으로 더 좋은 방향으로 변할 것이라 기대되는 회사다. 20년간 꾸준히 만들어 온 우리만의 시스템을 바탕으로 회사의 제도와 문화가 앞으로도 시대의 요구에 맞춰 계속 변화할 것이기 때문이다.

밀레니얼 세대가 들어왔다고 기성세대가 모든 걸 바꿔야 하는 건 아니다. 또 밀레니얼 세대가 무조건 회사에 몸을 맞춰야 하는 것도 아니다. 변화가 필요한 것은 사람이 아니라, 조직과 시스템이다. 대학내일의 다양한 실험들이 부디 어딘가에서 변화의 시발점이 되기를 기대해 본다.

오늘도 주인처럼 치열하게 일하고 있는 대학내일의 모든 직원들, 그리고 우리의 일자리를 만들어 준 20대들과 고객들에게 감사드리며 이 책을 마친다.

밀레니얼이 회사를 바꾸는 38가지 방법

초판 1쇄 인쇄 2019년 12월 20일 초판 1쇄 발행 2019년 12월 27일

지은이 홍승우
펴낸이 연준혁

출판 1본부 이사 배민수
출판 1분사 분사장 한수미
디자인 강경신

펴낸곳 (주)위즈덤하우스 미디어그룹 출판등록 2000년 5월 23일 제13-1071호
주소 경기도 고양시 일산동구 정발산로 43-20 센트럴프라자 6층
전화 031)936-4000 팩스 031)903-3893 홈페이지 www.wisdomhouse.co.kr

값 13,000원
ISBN 979-11-90427-72-2 03320

* 이 도서의 국립중앙도서관 출판예정도서목록(CIP)은 서지정보유통지원시스템 홈페이지
  (http://seoji.nl.go.kr)와 국가자료종합목록 구축시스템(http://kolis-net.nl.go.kr)에서 이용
  하실 수 있습니다. (CIP제어번호 : CIP2019051685)